O CÁLCULO ECONÔMICO EM UMA COMUNIDADE SOCIALISTA

Coleção von Mises
- A mentalidade anticapitalista
- Liberdade e propriedade
- O contexto histórico da escola austríaca de economia
- Lucros e perdas
- Sobre moeda e inflação
- O conflito de interesses e outros ensaios
- Intervencionismo
- O cálculo econômico em uma comunidade socialista
- Caos planejado
- As seis lições.

Ludwig von Mises

O CÁLCULO ECONÔMICO EM UMA COMUNIDADE SOCIALISTA

Tradução de Leandro Augusto Gomes Roque
Apresentação à 2ª edição brasileira por Gary North
Prefácio à 2ª edição brasileira por Fabio Barbieri
Prefácio à edição norte-americana por Yuri Maltsev
Introdução à edição norte-americana por Jacek Kochanowicz
Posfácio à edição norte-americana por Joseph T. Salerno

2ª Edição Revista e Ampliada

LVM
EDITORA

Impresso no Brasil, 2017

Título original: *Die Wirtschaftsrechnung im sozialistischen Gemeinwesen*
Título em inglês: *Economic Calculation in the Socialist Commonwealth*
Copyright © 1990 by Margit von Mises © 2008 by Ludwig von Mises Institute
Copyright do texto de Gary North © 2003 by Ludwig von Mises Institute

Os direitos desta edição pertencem ao
Instituto Ludwig von Mises Brasil
Rua Leopoldo Couto de Magalhães Júnior, 1098, Cj. 46
04.542-001. São Paulo, SP, Brasil
Telefax: 55 (11) 3704-3782
contato@mises.org.br · www.mises.org.br

Editor Responsável | Alex Catharino
Curador da Coleção | Helio Beltrão
Tradução | Leandro Augusto Gomes Roque
Revisão da tradução | Helio Beltrão & Márcia Xavier de Brito
Revisão ortográfica e gramatical | Márcio Scansani
Revisão técnica | Alex Catharino & Helio Beltrão
Preparação de texto e elaboração do índice remissivo | Alex Catharino & Márcio Scansani
Revisão final | Alex Catharino, Márcia Xavier de Brito & Márcio Scansani
Produção editorial | Alex Catharino & Márcia Xavier de Brito
Capa e projeto gráfico | Rogério Salgado/Spress
Diagramação e editoração | Spress Diagramação
Pré-impressão e impressão | Plena Print

M678c
  Mises, Ludwig von
    Cálculo econômico em uma comunidade socialista/Ludwig von Mises; tradução de Leandro Augusto Gomes Roque — 2ª edição revista e ampliada. – São Paulo: LVM, 2017; Coleção von Mises.
    160 p.
  Tradução de: Economic Calculation in the Socialist Commonwealt

  ISBN 978-85-93751-06-6

  1. Ciências Sociais. 2. Economia. I. Título. II. Roque, Leandro Augusto Gomes.

                                      CDD 300

Reservados todos os direitos desta obra.
Proibida toda e qualquer reprodução integral desta edição por qualquer meio ou forma, seja eletrônica ou mecânica, fotocópia, gravação ou qualquer outro meio de reprodução sem permissão expressa do editor.
A reprodução parcial é permitida, desde que citada a fonte.

Esta editora empenhou-se em contatar os responsáveis pelos direitos autorais de todas as imagens e de outros materiais utilizados neste livro.
Se porventura for constatada a omissão involuntária na identificação de algum deles, dispomo-nos a efetuar, futuramente, os possíveis acertos.

008   **Nota à Edição Brasileira**
Alex Catharino

012   **Apresentação à 2a Edição Brasileira**
Ludwig von Mises e seu Crescente Legado
Gary North

022   **Prefácio à 2ª Edição Brasileira**
A Inviabilidade Econômica do Socialismo
Fabio Barbieri

044   **Prefácio à Edição Norte-americana de 1990**
Yuri Maltsev

050   **Introdução à Edição Norte-americana de 1990**
Jacek Kochanowicz

O Cálculo Econômico em uma Comunidade Socialista

058   Introdução

063   **Capítulo 1**
A Alocação de Bens de Consumo no Socialismo

Sumário

073 Capítulo 2
A Natureza do Cálculo Econômico

093 Capítulo 3
O Cálculo Econômico na Comunidade Socialista

103 Capítulo 4
Responsabilidade e Iniciativa em Empresas Comunais

113 Capítulo 5
As Mais Recentes Doutrinas Socialistas e o Problema do Cálculo Econômico

123 Conclusão

129 Posfácio à Edição Norte-americana de 1990
Por que uma Economia Socialista é "Impossível"?
Joseph T. Salerno

155 Índice Remissivo e Onomástico

presente edição do livro *O Cálculo Econômico em uma Comunidade Socialista* de Ludwig von Mises (1881-1973) mantém a tradução original em português de Leandro Augusto Gomes Roque, lançada pela primeira vez, em 2012, pelo Instituto Ludwig von Mises Brasil (IMB) com o título *O Cálculo Econômico sob o Socialismo*. A tradução foi elaborada a partir da edição norte-americana publicada pela primeira vez em 1990 e reeditada em 2008 pelo Ludwig von Mises Institute com o título *Economic Calculation in the Socialist Commonwealth* [*O Cálculo Econômico em uma Comunidade Socialista*].

Publicado originalmente em alemão, em 1920, na edição 47 do periódico *Archiv für Sozialwissenschaften* com o título *Die Wirtschaftsrechnung im sozialistischen Gemeinwesen* [*O Cálculo Econômico em uma Comunidade Socialista*], o ensaio foi traduzido para o inglês

Nota à Edição Brasileira

por S. Adler e incluído na coletânea *Collectivist Economic Planning* organizada por F. A. Hayek (1899-1992), publicada pela primeira vez, em 1935, pela editora George Routledge & Sons e reimpressa, em 1975, pela Augustus M. Kelley.

    Optamos nesta segunda edição revista e ampliada por mudar o título da obra, adotando uma tradução literal do mesmo com base tanto no original em alemão quanto na tradução para o inglês, além de acrescentar o posfácio escrito por Joseph T. Salerno para a edição norte-americana, que não foi incluído na versão anterior em português lançada pelo IMB. Um breve ensaio sobre Ludwig von Mises escrito por Gary North foi acrescido neste volume como apresentação, bem como um prefácio exclusivo de Fabio Barbieri. Há algumas modificações consideráveis no texto devido às revisões de Helio Beltrão, Márcia Xavier de Brito e Márcio Scansani. Acreditarmos ter sido necessário incluir algumas notas de rodapé, elaboradas por nós e devidamente sinalizadas como Notas do Editor (N. E.). Por fim, com objetivo de facilitar o trabalho de pesquisadores, um novo índice remissivo e onomástico foi acrescentado, no qual, além de conceitos, são abarcados nomes próprios de pessoas, locais, instituições e obras mencionadas.

Não poderíamos deixar de agradecer aqui, em nome de toda a equipe do IMB e da LVM, a gratidão pelo suporte inestimável que obtivemos ao longo da elaboração da presente edição de inúmeras pessoas, dentre as quais destaco os nomes de Llewellyn H. Rockwell Jr., Joseph T. Salerno e Judy Thommesen do Ludwig von Mises Institute.

Alex Catharino
Editor Responsável da LVM

Em um Estado socialista, cada mudança econômica se torna uma tarefa cujo sucesso não pode nem ser estimado antecipadamente e nem ser determinado retroativamente. Há apenas apalpadelas às cegas. O socialismo é a abolição da racionalidade econômica.

Dr. Ludwig Edler von Mises

m indivíduo que sistematicamente discipline a vida em torno do objetivo de aprimorar as vidas daqueles que o rodeiam deixará um legado. Este legado pode ser positivo ou negativo.

Existem aqueles que estão apenas em busca de poder e que, por isso, tentarão influenciar a vida de outras pessoas por meio do engano e da adulação. Seu objetivo é mudar corações, mentes e o comportamento daqueles que o cercam. O legado tende a ser negativo.

Mas há também aqueles que se esforçam ao máximo para transformar as vidas de terceiros de uma maneira positiva. Invariavelmente seguem um estilo de vida específico, que governa suas ideias e seu comportamento. Sistematicamente tentam estruturar as próprias vidas de tal maneira que eles próprios se tornam demonstrações empíricas da própria visão de mundo que defendem.

Apresentação à 2ª Edição Brasileira
Ludwig von Mises e seu Crescente Legado

Gary North

Qualquer pessoa que tenha como o objetivo de vida mudar as opiniões de outras pessoas tem de estar comprometida com dois princípios: fazer sempre aquilo que defende e apoiar (de qualquer maneira possível) causas que estejam de acordo com o que defendem.

Em primeiro lugar, é preciso ter em mente que a maioria das pessoas não quer mudar de opinião em relação a nada. Mudar uma única opinião significa que o indivíduo tem de mudar suas opiniões a respeito de vários tópicos. A velha regra é válida: "Você não pode mudar apenas uma coisa". Portanto, há um alto custo ao repensar aquelas opiniões que você mais aprecia e valoriza. Pessoas tendem a evitar empreitadas que envolvam altos custos.

Quando alguém é confrontado com uma nova opinião, se esta opinião está relacionada a como as pessoas devem agir, uma das primeiras autodefesas que o ouvinte levantará é esta: "A pessoa que está recomendando essa nova ideia vive de modo consistente com os termos dessa ideia?" Se é algo óbvio para o ouvinte que essa pessoa não faz o que defende, então fica claro que o próprio defensor da ideia não leva a sério a verdade e a efetividade daquilo que diz defender. Isso dá ao ouvinte uma maneira fácil de escapar da conversa.

Meu único encontro pessoal com Ludwig von Mises (1881-1973) ocorreu no segundo semestre do ano de 1971, quando fui contratado para trabalhar na Foundation for Economic Education (FEE). Nessa ocasião recebi o convite para uma cerimônia especial, em que ocorreu o lançamento de uma segunda coleção de ensaios honrando o economista austríaco[1], editada por F. A. Harper (1905-1973), juntamente com F. A. Hayek (1899-1992), Henry Hazlitt (1894-1993), Leonard E. Read (1898-1983) e Gustavo R. Velasco (1903-1982), e publicada em dois volumes pelo Institute for Humane Studies (IHS). Um primeiro livro de ensaios[2] havia sido editado pela esposa de Hans F. Sennholz (1922-2007), Mary Sennholz, e foi publicado em 1956.

A cerimônia de lançamento desse segundo livro ocorreu em um simpático hotel em Nova York. Após o evento, tive a oportunidade de conversar com Ludwig von Mises sobre vários assuntos, até mesmo sua ligação com o sociólogo alemão Max Weber (1864-1920). Weber havia feito referência

---

[1] HARPER, F. A.; HAYEK, F. A.; HAZLITT, Henry; READ, Leonard E.. & VELASCO, Gustavo. *Toward Liberty: Essays in Honor of Ludwig von Mises on the Occasion of his 90th Birthday, September 29, 1971*. Menlo Park: Institute for Humane Studies, 1971. 2v. (N. E.)

[2] SENNHOLZ, Mary. *On Freedom and Free Enterprise: Essays in Honor of Ludwig von Mises – Presented on the Occasion of the Fiftieth Anniversary of His Doctorate, February 20, 1956*. New York: D. Van Nostrand Company, 1956. (N. E.)

ao ensaio de Mises, *Die Wirtschaftsrechnung im sozialistischen Gemeinwesen* [*O Cálculo Econômico em uma Comunidade Socialista*], em uma nota de rodapé de um livro que não chegou a completar, pois morreu em 1920. Mises me disse que havia enviado o ensaio para Weber.

Ludwig von Mises deixou um legado que, desde a sua morte em 1973, vem crescendo continuamente. O economista austríaco foi um daqueles raros homens que teve duas fases na carreira[3]. A primeira fase, que começou em 1912 e terminou após a publicação, em 1936, da obra *The General Theory of Employment, Interest and Money*[4] [*A Teoria Geral do Emprego, do Juro e da Moeda*] de John Maynard Keynes (1883-1946), estabeleceu sua reputação de grande teórico econômico. Seu livro *Theorie des Geldes und der Umlaufsmittel*[5] [*A Teoria da Moeda e dos Meios Fiduciários*], de 1912, sobre moeda e sistema bancário, o livro *Gemeinwirtschaft: Untersuchungen über den Sozialismus*[6] [*A Economia Coletiva: Estudos sobre o Socialismo*],

---

[3] A apresentação sistemática mais completa, em ordem cronológica, da vida e da obra do pensador austríaco se encontra na seguinte biografia intelectual: HÜLSMANN, Jörg Guido. *Mises: The Last Knight of Liberalism*. Auburn: Ludwig von Mises Institute, 2007. (N. E.)

[4] O livro está disponível em língua portuguesa em diversas edições, dentre as quais citamos a seguinte: KEYNES, John Maynard. *A Teoria Geral do Emprego, do Juro e da Moeda*. Apres. Adroaldo Moura da Silva; trad. Mário R. da Cruz. São Paulo: Nova Cultural, 1996. (N. E.)

[5] A segunda edição em alemão, de 1924, serviu como base para uma nova edição inglesa, lançada em 1934, e disponível, atualmente, na seguinte forma: MISES, Ludwig von. *Theory of Money and Credit*. Pref. Murray N. Rothbard; intr. Lionel Robbins; trad. Harold E. Batson. Indianapolis: Liberty Fund, 1981. (N. E.)

[6] Traduzido para o inglês em 1936, o livro se encontra disponível atualmente nesse idioma na seguinte edição: MISES, Ludwig von. *Socialism: An Economic and*

de 1922, sobre o socialismo, e os vários artigos acadêmicos sobre tópicos específicos de teoria econômica afirmaram-no como um grande teórico.

No entanto, a oposição inflexível a todas as formas de moeda fiduciária estatal de curso forçado garantiu-lhe a reputação de um Neandertal do século XIX em um mundo de moedas estatais de curso forçado, que começou com a abolição do padrão-ouro clássico no início da Primeira Guerra Mundial, em 1914. Sua hostilidade ao socialismo também contribuiu para a condição de pária. Resistia com vigor a tudo aquilo que os círculos acadêmicos consideravam ser a onda do futuro. Acadêmicos sempre querem seguir modismos. Mises não era assim.

O triunfo do keynesianismo após 1936, em conjunto com a eclosão da Segunda Guerra Mundial em 1939, eclipsou a carreira de Ludwig von Mises. Quando chegou em Nova York, no ano de 1940, como judeu refugiado, era praticamente um desconhecido no país. Não tinha nenhum cargo assalariado de professor. Já estava com 59 anos e jamais estivera na América. O economista austríaco, nessa altura, dependia de doações de poucos amigos e de alguns artigos que lhe eram ocasionalmente encomendados por algumas revistas especializadas, dentre eles Henry Hazlitt.

Ao longo dos trinta anos subsequentes, Ludwig von Mises foi uma voz solitária na defesa do livre mercado, lutando contra a vastidão keynesiana que dominava a paisagem

---

Sociological Analysis. Pref. F. A. Hayek; trad. J. Kahane. Indianapolis: Liberty Fund, 1992. (N. E.)

mundial. Dirigiu um seminário na New York University (NYU) para estudantes universitários que durou vinte e cinco anos. O economista norte-americano Murray N. Rothbard (1926-1995) era um dos frequentadores assíduos do seminário na NYU, embora apenas como ouvinte[7]. Mises nunca recebeu salário da universidade, que o relegou à condição de professor visitante. Recebia ajuda de doadores. No entanto, não há hoje professor do Departamento de Economia da NYU que seja lembrado. Todos foram pessoas sem importância e não deixaram legado algum.

A publicação do já mencionado *Ação Humana*, lançado originalmente pela Yale University Press, em 1949, começou a estabelecer sua reputação nos Estados Unidos. A obra vendeu muito mais do que fora inicialmente previsto. Esse livro foi o primeiro a conter uma teoria abrangente e integrada da economia de livre mercado. Até então, nada remotamente parecido havia sido publicado. Poucas pessoas perceberam isso em 1949, mas qualquer um que já tenha estudado a história do pensamento econômico sabe que nesse trabalho encontramos a primeira aplicação abrangente da teoria econômica para toda uma economia de mercado. A análise é integrada em termos da defesa econômica austríaca da teoria do valor subjetivo e do individualismo metodológico.

Ludwig von Mises continuou escrevendo após 1949. Seus livros foram vendidos pela Foundation for Economic

---

[7] O economista norte-americano apresenta as linhas gerais do pensamento misesiano de maneira sintética na seguinte obra: ROTHBARD, Murray N. *O Essencial von Mises*. Trad. Maria Luiza A. de X. Borges. São Paulo: Instituto Ludwig von Mises Brasil, 3ª ed., 2010. (N. E.)

Education (FEE), que fez com que o economista austríaco ganhasse a atenção dos leitores defensores do livre mercado. Seus artigos começaram a aparecer na revista *The Freeman*, publicada pela FEE. O periódico não era de ampla circulação nos meios acadêmicos, mas era bastante lida pela direita norte-americana.

Comprei uma cópia de *Ação Humana* em 1960. Naquela época, já estava a par da importância de Mises para a história do pensamento econômico, mas, em minha universidade, provavelmente era o único estudante que o conhecia.

O economista austríaco sempre foi um obstinado na veneração aos princípios do livre mercado. Provavelmente, mais do que qualquer outro grande intelectual do século XX, foi conhecido entre seus pares como alguém inflexível, que não fazia concessões em detrimento do que acreditava. Foi chamado, pelos economistas da Escola de Chicago, de ideólogo. E eles estavam certos. Por causa da consistência na aplicação do princípio do não-intervencionismo em todos os setores da economia e, sobretudo, pela oposição aos bancos centrais e à manipulação estatal da moeda, tais economistas consideravam-no excêntrico. "Excêntrico", para eles, era sinônimo de "rigorosamente consistente".

Mises era conhecido pela esquerda como o mais implacável oponente da intervenção estatal na economia. Quando os nazistas marcharam na Áustria, em 1938, confiscaram sua biblioteca. Ele deixara Viena quando foi trabalhar na Suíça, a partir de 1934. Temia a invasão nazista da Áustria e estava certo. Como defensor do livre mercado e, sendo judeu, não teria sobrevivido na Áustria.

Assim como os nazistas, os soviéticos também sabiam quem era Ludwig von Mises. Após a queda do nazismo, os soviéticos confiscaram as obras do economista austríaco, então em posse dos nazistas, e enviaram-nas para Moscou. As obras roubadas ficaram em Moscou e nunca foram descobertas por nenhum economista ocidental até a década de 1980. O que era uma grande ironia: economistas ocidentais não sabiam quem era Mises, mas os economistas soviéticos sim. Isso se tornou ainda mais verdadeiro em meados da década de 1980, quando a economia soviética começou a se desintegrar, exatamente como o economista austríaco havia previsto que aconteceria.

A grande vantagem de Ludwig von Mises sobre praticamente todos os colegas era esta: escrevia em inglês, sua segunda língua. A maioria dos economistas escreve em inglês como terceira ou quarta língua. O economista austríaco não utilizava equações e nem recorria a jargões. Mises escrevia os parágrafos utilizando sentenças que eram desenvolvidas de maneira sucessiva. Podemos começar pela primeira página de qualquer um de seus livros e, se prestarmos atenção, veremos que ele chegará ao fim sem se tornar confuso.

Isso era uma vantagem, pois as pessoas comuns que se interessavam por economia conseguiam seguir a lógica. Sua reputação se espalhou no final de década de 1950 e por toda a década de 1960 por causa dos artigos na *The Freeman*. Esta revista chegou a ter uma circulação de quarenta mil exemplares em alguns anos. Não eram muitos os economistas que conseguiam, naquela época, atingir um público tão amplo e tão variado.

O economista austríaco realmente se manteve firme aos seus princípios durante toda a vida. Manteve-se firme de maneira tão tenaz e obstinada que, por décadas, não teve influência alguma sobre a comunidade acadêmica. Esta o desprezou ou o ignorou. Porém, após a morte em 1973, sua influência começou a crescer. Em 1974, seu discípulo F. A. Hayek ganhou o Prêmio Nobel de Economia[8]. Pouco a pouco, a reputação de Ludwig von Mises foi se espraiando.

Devido ao trabalho do Ludwig von Mises Institute[9] seu nome é atualmente mais conhecido do que o de quase todos os outros economistas de sua geração, tanto os anteriores à Primeira Guerra Mundial quanto os posteriores à Segunda Guerra Mundial. O cidadão comum certamente não está

---

[8] Por conta dos 40 anos desse acontecimento, os discursos de F. A. Hayek na ocasião da entrega do Prêmio Nobel de Economia, juntamente, com artigos de Murray N. Rothbard, Fabio Barbieri, Richard M. Ebeling, Joseph T. Salerno e Peter J. Boettke, foram reunidos em uma seção especial da respectiva edição do seguinte periódico: *MISES: Revista Interdisciplinar de Filosofia, Direito e Cultura*, Volume II, Número 2 (Edição 04, Julho-Dezembro de 2014): 593-696. Nesta mesma edição foi publicado o editorial "Pelos 40 anos do Nobel de Hayek – Economia e Civilização, Meios e Fins" de José Manuel Moreira. (N. E.)

[9] Fundado por Llewellyn Rockwell, Jr., em 1982, e com sede em Auburn, no Alabama, o Ludwig von Mises Institute publica periódicos acadêmicos e livros, além de oferecer cursos em nível básico, intermediário e avançado de Economia Austríaca, os quais atraem um número cada vez maior de alunos e professores. Atualmente existem vários institutos em diferentes países ao redor do mundo com o nome do economista austríaco, todos surgidos de modo voluntário e espontâneo, sem nenhuma coordenação ou financiamento centralizados. O Instituto Ludwig von Mises Brasil (IMB) foi criado por Helio Beltrão, em 2007. A instituição brasileira, além de publicar artigos diário no site <www.mises.org.br> e manter uma pós-graduação *lato sensu* em Escola Austríaca no Centro Universitário Ítalo Brasileiro, na cidade de São Paulo, publica livros e o periódico acadêmico *MISES: Revista Interdisciplinar de Filosofia, Direito e Economia*, bem como promove diferentes eventos, como palestras, cursos de extensão e conferências acadêmicas. (N. E.)

familiarizado com os nomes da maioria dos economistas da primeira metade do século XX, e com certeza é incapaz de ler e compreender as obras de quase todos os economistas da segunda metade.

Portanto, exatamente porque Mises nunca esteve disposto a fazer concessões, na área de metodologia em especial, seu legado tem sido muito maior do que o da maioria de seus finados colegas. O legado do economista austríaco só cresce; o dos demais economistas, praticamente não existe.

texto *Die Wirtschaftsrechnung im sozialistischen Gemeinwesen* [*O Cálculo Econômico em uma Comunidade Socialista*] de Ludwig von Mises (1881-1973) reproduzido neste livro contém um dos resultados mais fundamentais gerados pelas ciências sociais: a crítica econômica ao socialismo. Essa crítica deu origem a uma série de controvérsias que, em conjunto, compõem aquilo conhecido como o debate sobre o cálculo econômico socialista, que se iniciou em 1920 e se estende até o final do século XX.

Esse debate é importante por uma série de motivos. Em termos da história das ideias, vários refinamentos ao longo da evolução da teoria econômica foram motivados pelos problemas ali tratados. Ainda sob essa ótica, a controvérsia contribuiu para o desenvolvimento da concepção austríaca a respeito do funcionamento dos mercados. Em

Prefácio à 2ª Edição Brasileira
A Inviabilidade Econômica do Socialismo

Fabio Barbieri

termos teóricos, o debate não gerou resultados apenas concernentes à inviabilidade do planejamento central, mas também ideias úteis para o exame de assuntos tão variados como regulação de mercados, tamanho máximo das firmas ou o desenho de mecanismos de incentivos sob assimetria de informação. Finalmente, sob o ponto de vista político, a familiarização com os termos do debate é fundamental para quem tem interesse na análise de sistemas econômicos comparados e, naturalmente, na discussão acerca do futuro do socialismo.

O argumento de Mises pretende demostrar que não é possível que exista no mundo real algo equivalente a um sistema socialista tal como esse conceito é concebido pelos seus defensores. O esforço por parte de autores socialistas de refutar o argumento misesiano, por sua vez, mostra praticamente um século de fracasso. Ora, sendo esse o caso e, dado que o ideal socialista ainda inspira boa parte do imaginário ideológico moderno, definindo ainda o programa de diversos partidos políticos, é no mínimo lamentável que argumento tão fundamental seja tão pouco conhecido e discutido em círculos não restritos a historiadores das ideias econômicas. A publicação desta tradução em português do artigo original de Mises pretende contribuir para que esse cenário seja mudado. Todos aqueles interessados pelo tema do socialismo, defensores e oponentes, deveriam se familiarizar com a questão.

A crítica de Mises ao socialismo desfia os partidários desse ideal a fornecer uma explicação sobre o que entendem por esse sistema, ou, colocando em outros termos, exige que os socialistas se dediquem a uma espécie de exercício em "socialismo utópico". Isso é requerido pela evolução da própria teoria econômica: desde que o referencial teórico dos clássicos ingleses – que informa os aspectos econômicos da obra de Karl Marx (1818-1883) – foi substituído pela teoria moderna (neoclássica), passou-se a perceber que qualquer sociedade, até mesmo a socialista, deve lidar com o mesmo problema fundamental: *a alocação de recursos escassos a fins alternativos*. Isso, por sua vez, implica no abandono da postura historicista, segundo a qual as leis econômicas dependem de época e local.

A teoria antiga tinha seu foco na capacidade produtiva, dada a preocupação smithiana com a causa da riqueza das nações. Nas mãos de Marx, essa centralidade da produção assume a forma de sucessão de diferentes "modos de produção", cada qual gerando regularidades próprias. O estudo dessas leis transitórias seria trabalho para os "economistas vulgares", ao passo que a maneira como um modo se transformaria em outro seria a tarefa verdadeiramente científica, reservada ao próprio Marx.

Com a chamada revolução marginalista de 1871, porém, o exame do processo produtivo passou a ser visto sob uma ótica mais fundamental, que diz respeito à forma segundo a qual os diferentes esforços produtivos possíveis são dirigidos para os múltiplos fins que possam ser imaginados. Qualquer sociedade razoavelmente complexa, que ultrapasse um estágio rudimentar de desenvolvimento, deve lidar com o problema que indaga como os infinitos planos produtivos possíveis são escolhidos e coordenados entre si. A produção, desse modo, é problematizada.

Em uma sociedade primitiva, a solução do problema é trivial, pois é possível enxergar sem maiores dificuldades os meios existentes e avaliar a importância de seu emprego em usos alternativos. Em qualquer sociedade mais avançada, que requer extensiva especialização dos recursos, com cada pessoa fornecendo meios para fins de indivíduos que não conhece pessoalmente, é necessária a existência de algum mecanismo decisório que coordene as escolhas e leve em conta os benefícios e custos de cada uma delas. Esse resultado é conhecido como a tese da similitude formal entre sistemas econômicos: cada um destes sistemas tem que resolver de algum modo o problema alocativo.

Diante dessa evolução teórica se tornam ultrapassadas as crenças historicistas, mantidas até hoje pela maioria dos cientistas sociais, segundo as quais a Economia seria circunscrita às consequências do comportamento aquisitivo e que as leis dessa disciplina só seriam válidas naquilo que denominam de "modo de produção capitalista". A Economia, pelo contrário, é uma ciência que trata da relação entre meios e fins, não dizendo nada sobre a natureza destes últimos. Em vez da dicotomia egoísmo-altruísmo, trata do contraste entre individualismo e coletivismo como meios de resolver o problema econômico. Além disso, categorias analíticas tais como valor, custo ou ganho, derivadas a partir da lógica da escolha dos indivíduos, manifestam-se em toda sociedade, de qualquer época.

Se o socialismo supõe a supressão da propriedade privada de bens de produção, da moeda e das próprias noções de valor e ao mesmo tempo pretende superar a produtividade existente em economias de mercado, esta última possibilitada pela extensiva divisão do trabalho (ou especialização na produção), então seus defensores devem explicitar a maneira pela qual seus recursos escassos são alocados. As técnicas produtivas, deve-se enfatizar, não são soluções técnicas "socialmente dadas": levando-se em conta a existência de recursos escassos, existem praticamente infinitas maneiras de produzir um mesmo bem e a diferença entre bem-estar e pobreza depende, em última análise, da maneira como se escolhe o emprego de cada fator produtivo.

Como navegar nesse mar de infinitas possibilidades sem a bússola fornecida pelo sistema de preços? Nisso consiste a pergunta crucial de Mises sobre a economia do socialismo. Se esse sistema rejeita propriedade privada de bens de capital, não existe processo de formação de preços que reflita as opiniões de inúmeros empresários sobre o valor de cada recurso em seus diversos usos rivais. Sem sistema de preços, a menos que se suponha um planejador central onisciente, não é possível o cálculo econômico do valor líquido gerado nos usos alternativos dos recursos (comparação de valor com custo de oportunidade das escolhas). Sem cálculo econômico, o socialismo geraria caos, não racionalidade, ao sistema econômico, como imaginara Marx. O socialismo, se não lidar com a pergunta formulada por Mises, trará miséria e em última análise a dissolução da civilização.

No argumento misesiano, a necessidade do cálculo econômico é derivada da conjunção de dois fatores: a complexidade do problema alocativo e a natureza dispersa do conhecimento dos agentes, sendo o uso do sistema de preços crucial para que, usando os termos de Mises, a *"divisão intelectual do trabalho"* entre os agentes seja possível. Essa complexidade se manifesta no texto do autor por intermédio do emprego da teoria austríaca do capital.

Os fatores primários de produção – trabalho e recursos naturais – são combinados na manufatura de bens de capital, cujo emprego aumenta a produtividade dos fatores primários. O progresso econômico leva à formação de uma estrutura do capital cada vez mais complexa, que envolve cada vez mais tipos de bens intermediários até a maturação dos bens de consumo. A cada instante, diante do eterno fluxo de mudanças nos dados da economia, os empresários são convidados a reavaliar a importância de elementos específicos dessa estrutura herdada, que são como "fósseis de planos passados", segundo feliz metáfora criada por Ludwig M. Lachmann (1906-1990).

Para Mises, a essência dos mercados envolve a apreciação especulativa, por parte dos empresários, do valor gerado a partir das infinitas possibilidades possíveis de recombinação dos elementos da estrutura produtiva. Em mercados competitivos, empresários põem a prova suas opiniões sobre o estado dos mercados, opiniões essas que direcionam seus projetos de investimentos. Os defensores do socialismo, por seu turno, deveriam explicar como a atividade empresarial seria efetuada e sua eficácia avaliada na ausência de mercados livres para bens de capital.

A tese de Mises iniciou o debate do cálculo econômico socialista. Esse debate, porém, é marcado por um vício, que acomete boa parte de seus participantes: a recusa de contemplar os argumentos nos seus próprios termos. Em vez de lidar com o problema da atividade empresarial, que envolve decisões sobre alocação de capital em ambiente de mudanças contínuas, os defensores do socialismo tentaram refutar Mises por meio de propostas de modelos de socialismo que replicassem o estado final de equilíbrio competitivo descrito pela teoria econômica, através do uso de um sistema de preços artificial que dispensaria mercados genuínos.

Essas propostas, denominadas "socialismo de mercado", utilizaram a teoria econômica não para explicar algum aspecto dos princípios de funcionamento dos mercados, mas para substituir estes últimos. Acabaram, no entanto, por transferir a simplicidade inerente aos modelos à realidade complexa que se pretendia originalmente explicar. Dessa forma, a sucessão de modelos de socialismo de mercado nos mostra um gradual abandono do planejamento central original em favor de esquemas descentralizados, conforme as críticas apontavam para aspectos da realidade econômica que não foram contemplados nas simplificações teóricas propostas, mas que são importantes para o problema alocativo.

A *primeira* proposta, a solução matemática, utiliza o fato de que, *tomando como base a teoria do equilíbrio geral*, sob certas restrições técnicas e se conhecermos os ordenamentos de preferências dos consumidores, as tecnologias de produção e a disponibilidade de fatores produtivos, podemos resolver matematicamente um sistema de equações cuja solução fornece vetores de preços e quantidades de equilíbrio que coordenam as ações individuais de forma ótima.

A *segunda* proposta, a solução por tentativas e erros, reconhece a impossibilidade de que um órgão de planejamento central possa obter todas as informações necessárias para a solução do sistema de equações acima mencionado. Propõe então no lugar um mecanismo alocativo que dispensa tal exigência. O planejador central partiria de vetor arbitrário de preços e computaria o excesso de demanda ou oferta por cada bem, ajustando os preços de acordo, até que o equilíbrio seja obtido em todos os mercados. Sob esse arranjo, as firmas escolhem quando produzir e demandar recursos segundo regras de minimização de custos médios unitários dos bens.

Mais tarde, as regras de custo foram substituídas pela regra de que os preços deveriam ser iguais aos custos marginais de produção, já que esta é a regra relevante para o problema alocativo de comparação entre valores de recursos aplicados a diferentes processos produtivos.

A *terceira* proposta, de cartéis setoriais, reconhece a rigidez do esquema anterior, dispensando seu mecanismo central de determinação de preços, que permite ajustes apenas esporadicamente. Na nova proposta, o cartel estatal de cada setor fixa ele mesmo os preços, ainda seguindo regra de minimização de custos médios, em qualquer momento.

No *quarto* tipo de propostas, elaborado mais de cinquenta anos depois das anteriores, diante do desenvolvimento da Economia da Informação, reconheceu-se que não basta regra que iguale preço a custo marginal se os administradores e trabalhadores não tiverem incentivos para se empenharem em suas tarefas. Diante disso, surgem propostas que consideram bancos associados a conglomerados de firmas ou mesmo bolsas de valores para que tais incentivos sejam gerados. A gerência estaria sempre sob a vigilância dos acionistas ou bancos controladores. Essas propostas tentam, sem sucesso, conciliar incentivos para induzir esforço adequado e mecanismos que impeçam a possibilidade de que agentes fiquem significativamente mais ricos que os demais se suas empreitadas tiverem sucesso ou mais pobres se fracassarem.

O leitor já pode perceber que pouco resta no final dessa evolução que seja reconhecido como genuinamente socialista por um defensor típico dessa causa. Porém, a historiografia sobre o debate mais comum até os anos setenta, feita pelo criador do segundo tipo de proposta, Oskar Lange (1904-1965), afirma que a exposição da tese de similitude formal em termos da teoria de equilíbrio geral feita pelo economista italiano Enrico Barone (1859-1924) corresponderia à refutação antecipada da tese de Ludwig von Mises de que o socialismo seria teoricamente impossível, ao passo que sua própria proposta seria uma refutação das objeções "meramente práticas" feitas por F. A. Hayek (1899-1992) e Lionel Robbins (1898-1984) à solução matemática.

A versão langeana da história do debate, centrada na própria proposta, além de ignorar tanto o modelo rival proposto por Evan Durbin (1906-1948) – terceiro tipo de socialismo de mercado – quanto a sequência de recuos da posição socialista como um todo, desconsidera a própria essência do argumento misesiano, ao deslocar a atenção para a tentativa de replicar no mundo real o estado de coisas descrito pela teoria de equilíbrio geral. Essa teoria, como se sabe, se limita a descrever um estado de pré-conciliação de planos, não dizendo nada a respeito da ação anterior a obtenção do equilíbrio.

Quais são os bens que existem na economia, por exemplo, é algo totalmente exógeno ao modelo: para Lange, seria algo dado. O desafio original de Mises, porém, indaga como, na ausência de ação empresarial livre, seria possível apostar em novos usos que se possam conceber para os bens de capital existentes, em uma economia sujeita a fluxo constante de mudanças não antecipadas. O problema não se limita a decisões gerenciais sobre quanto produzir de certo bem conhecido em uma planta existente: a essência dos mercados seria a atividade necessariamente especulativa do empresário sobre os diferentes investimentos em bens de capital que se possa imaginar. Criar novos bens ou métodos produtivos, por exemplo, é algo que não pode ser dissociado da essência da atividade competitiva. Nesse sentido, para Mises, os socialistas de mercado teriam a mesma falta de compreensão sobre o funcionamento dos mercados do que aquela apresentada pelos socialistas marxistas originais, que concebiam a atividade econômica de maneira burocrática, sob a ótica do auxiliar de escritório, incapazes de entender a função empresarial do capitalista.

Tendo isso em mente, em nossa opinião o debate do cálculo deveria ser avaliado em termos da teoria austríaca do capital originalmente empregada por Mises, e não sob a ótica da teoria de equilíbrio geral. Se esta última apenas oferecesse uma resposta diferente ao mesmo problema, não haveria problema. Mas ocorre que ela estuda os mercados sob outro ângulo, tratando de questões que apenas parcialmente se sobrepõem ao referencial teórico original.

As confusões geradas por isso se manifestam na estranha distinção langeana entre solução teórica e solução prática do problema do cálculo no socialismo. Na armadilha retórica de Lange, apenas são consideradas observações de cunho teórico aquelas que dizem respeito à teoria do equilíbrio geral. Assim, em vez de discutir o problema original, a distinção entre solução teórica e prática apenas protege seu criador de crítica, que por definição estaria correto.

Uma história do debate pautada pelos termos originais propostos por Mises, porém, deveria considerar a relativamente ignorada segunda parte do artigo original de Lange, não a primeira. Nesta segunda parte, e nos poucos trechos equivalentes das demais propostas de socialismo de mercado, a ação descentralizada de rivalidade empresarial é substituída por mecanismos alocativos relativamente centralizados no que diz respeito a decisões de poupança e seu direcionamento para investimentos em bens de capital. Ora a poupança é determinada sem considerar as preferências temporais da população, ora esta é apurada por intermédio da construção de uma curva de oferta de fundos emprestáveis mediante questionamentos de intenção de investimento para diferentes níveis de taxa de juros proposta pelo Estado. Os investimentos, por sua vez, são determinados conforme as concepções do planejador, ou departamentos de inovação tecnológica ou mesmo pela atuação de firmas privadas pequenas. Neste ponto saltam aos olhos com toda a força as objeções austríacas a esse tipo de modelo: *a crença de que técnicos em posição de comando sabem mais sobre a economia do que os demais agentes.*

Mas em que consiste, afinal, a resposta austríaca ao socialismo de mercado? As reações de Mises, Hayek e Robbins foram uma só, como já mencionamos: mostrar quão inadequada é a teoria de equilíbrio para resolver o problema proposto. Para esses autores, a teoria de equilíbrio não fornece guia para ação fora do equilíbrio. O equilíbrio, para Mises, seria apenas uma ferramenta teórica abstrata que supõe que toda mudança já ocorreu, ferramenta essa necessária para a compreensão da ação diante de ambiente em mudança perene. Robbins, do mesmo modo, mostra que nesse cenário a teoria de equilíbrio não é suficiente, pois ignora a atividade eminentemente empresarial de realocação de capital. Hayek repete essa acusação, mostrando que a teoria de equilíbrio supõe como dado algo que só existiria na presença do processo de mercado excluído pela análise de equilíbrio. Não seria possível, por exemplo, seguir a regra de igualar preço ao custo marginal, pois depois de alguma mudança cada agente teria opinião própria sobre os custos de oportunidade do uso alternativo dos recursos. Qual seria o custo marginal que deveria ser levado em conta? Deveria um administrador que possui conhecimento local ignorar suas expectativas sobre mudanças futuras de preços e tomar o preço oficial como dado, deixando de agir de acordo com sua avaliação?

As objeções foram muitas, de modo que não podemos enumerá-las aqui. Porém, é suficiente dizer que *todas elas mostram algum aspecto da solução do problema alocativo real que não foi contemplado pela teoria de equilíbrio, mas que, no entanto, foi considerado como dado e independente do processo de mercado real*.

Assim, podemos agrupar as críticas de Mises, Hayek e Robbins segundo a nossa observação metodológica anterior. Uma teoria forçosamente simplifica a realidade que pretende explicar. Mas, quando o objetivo não é entender os mercados, mas substituí-los por esquemas que replicam o equilíbrio teórico, comete-se o erro de transferir a simplicidade do modelo à realidade complexa, deixando de lado aspectos cruciais desta última.

É equivocada, dessa maneira, a afirmação de Lange de que Robbins e Hayek teriam levantado objeções meramente práticas aos modelos de socialismo de mercado. Foram na verdade objeções teóricas sobre tentativas de solução do problema original levando-se em conta aspectos do mundo ignorados pela teoria de equilíbrio e enfatizados pela teoria austríaca de processo de mercado.

Esse equívoco, no entanto, foi surpreendentemente repetido por autores austríacos que rejeitam as contribuições de Hayek à própria tradição austríaca: para esses analistas, não somente as objeções hayekianas seriam meramente práticas, mas também as observações do autor sobre o conhecimento dos planejadores socialistas seriam equivocadas ou, na melhor hipótese, de importância secundária, ignorariam também a real natureza da objeção de Mises, não reconheceriam a necessidade de propriedade privada para o funcionamento dos mercados, seriam aplicáveis apenas a situações próximas ao equilíbrio ou ainda sugeririam abordagem empiricista para a teoria econômica. Essas crenças exigem que consideremos a participação de Hayek no debate mais atentamente.

As diferenças entre Mises e Hayek só podem ser entendidas se considerarmos seus oponentes. Análises que ignoram o contexto dos argumentos são condenados a distorcê-los. Mises, com a leitura de seu artigo atesta, escreve para leitores marxistas, ao passo que Hayek polemiza com autores neoclássicos. Ora, como estes últimos pretendiam demonstrar a viabilidade do cálculo na ausência de propriedade privada, uma crítica interna efetiva deve mostrar a inaplicabilidade do modelo nas mesmas condições. O ônus da prova aqui naturalmente cabe a quem faz a acusação. Entretanto, além da inexistência de trechos da argumentação do autor que neguem a importância da propriedade privada, podemos naturalmente encontrar em outros textos de Hayek a óbvia conexão entre propriedade e funcionamento dos mercados.

Por outro lado, não faz sentido afirmar que o problema do cálculo permaneceria mesmo com planejador central onisciente, pois efetivamente, *na teoria de equilíbrio geral*, conhecidos os fundamentos da economia e sob condições apropriadas de convexidade de preferências e tecnologia é possível calcular uma alocação economicamente eficiente. A teoria é consistente logicamente. Resta discutir sua relevância ou aplicabilidade ao problema, como fizeram todos os austríacos.

A participação de Hayek no debate pode ser dividida em duas partes: suas observações específicas sobre os modelos de socialismo de mercado e sua crítica ao mau uso de modelos de equilíbrio, que deu origem àquilo que ficou conhecido como o seu "problema do conhecimento". Vejamos como o primeiro tipo de crítica influencia sua contribuição mais fundamental.

A solução do problema do cálculo por tentativas e erros pretendeu superar a falha mais evidente da solução matemática: a necessidade de centralizar informações. No modelo de Lange, o conhecimento é disperso entre os agentes. A resposta mais fundamental de Hayek a Lange, por outro lado, mostra que esse conhecimento descentralizado tampouco é "dado" para os agentes, pois sua descoberta é fruto do próprio processo competitivo, ignorado pela teoria pura de equilíbrio e barrado pelos mecanismos de preços artificiais.

Como nos modelos de socialismo de mercado, pergunta Hayek, seria possível a rivalidade entre agentes com opiniões diferentes sobre o que ocorre em certos mercados? Isso nos convida ao reconhecimento do caráter falível do conhecimento dos agentes. Cada agente (empresário, na terminologia misesiana) possui um diagnóstico mercadológico hipotético: suas crenças sobre gostos e renda dos consumidores, disponibilidade local de insumos ou que tipo de bens seriam demandados podem ser potencialmente errôneas ou incompatíveis com os planos de ação dos demais.

O grau de coordenação de planos que encontramos em mercados reais exige então que tenhamos uma explicação sobre como o conhecimento subjetivo e falível dos agentes é corrigido, de modo que se torne relativamente consistente com a realidade externa e com os planos dos demais. Assim, *demanda-se uma teoria sobre o aprendizado dos agentes.*

A afirmação comum de que isso seria uma demanda por pesquisas empíricas sobre aprendizado dos agentes é clara e explicitamente negada por Hayek. O que ele requer é uma *teoria* sobre racionalidade ecológica: uma explicação sobre o mercado visto como um processo de aprendizado. A propriedade privada, por um lado, gera a liberdade para que empresários atuem segundo suas próprias opiniões. O sistema de preços, por outro, permite que as hipóteses mais inconsistentes com as preferências, tecnologias e recursos sejam corrigidas ou eliminadas. Em conjunto, esses elementos fornecem uma explicação sobre aprendizado.

Isso nos leva a uma diferença metodológica, não substancial, entre as ideias de Mises e Hayek. Para Hayek, as regularidades observadas nos mercados não são explicáveis em termos puramente praxiológicos, ou seja, em termos da lógica da ação humana considerada subjetivamente. Além da ação propositural é necessário supor elemento externo – o mecanismo de correção de erros fornecido pelo lucro (ou prejuízo) realizado. No discurso teórico, ambos os autores utilizam preços como ferramenta de cálculo mental de viabilidade *ex ante,* seguido de teste efetivo dos projetos via lucratividade revelada *ex post.*

A postura metodológica identificada como *subjetivismo radical,* porém, pretende definir todos os conceitos econômicos como se fossem derivados apenas da lógica da ação. Essa pretensão naturalmente fracassa, pois cedo ou tarde é necessário que surja na explicação uma descrição da maneira como os planos subjetivos interagem com a realidade externa à percepção individual. A tentativa de definir todas as categorias em termos subjetivos, adicionalmente, requer que se identifique tautologicamente ação livre com resultado ótimo, barrando assim a possibilidade de explicações sobre como diferentes arranjos institucionais poderiam gerar graus diferentes de coordenação de planos.

Essa diferença fez com que a crítica ao socialismo em termos do problema do conhecimento fosse rejeitada por alguns seguidores de Mises. O argumento do cálculo, para esses autores, seria algo relacionado à apreciação empresarial (*appraisement*) em termos monetários, como afirmou Mises e não ao conhecimento dos agentes, como quer Hayek. Contudo, no debate interno entre autores austríacos, esses analistas fracassaram quando desafiados a explicitar que aspecto do processo de apreciação seria diferente (ou não seria contemplado) na descrição hayekiana do processo de aprendizado nos mercados.

Décadas mais tarde, com o desenvolvimento da Economia da Informação, o debate do cálculo foi retomado, adicionando mais uma rodada de distorções do argumento hayekiano original. O problema do conhecimento de Hayek passou a ser interpretado, por alguns analistas neoclássicos e mesmo austríacos, como se fosse um argumento sobre informação assimétrica. Em vez de agentes com teorias diferentes sobre as condições de um mercado, teríamos novamente o cenário neoclássico no qual todos os agentes comungam o domínio do modelo correto sobre a realidade econômica, diferindo apenas em termos da posse de informações sobre os valores de parâmetros que alimentam esse modelo.

Isso garantiu que o problema original proposto por Mises e refinado por Hayek permanecesse sem resposta. Em vez de indagar como diferentes planos empresariais rivalizam entre si na ausência de mercados realmente descentralizados, os economistas continuaram a indagar se os mercados seriam capazes ou não de replicar equilíbrios eficientes em termos paretianos, isto é, esgotando-se as possibilidades de trocas mutuamente vantajosas. Além de concluir que os mercados não seriam eficientes na presença de assimetrias de informação, essa discussão pretende desenhar mecanismos institucionais em modelos de socialismo de mercado que fariam com que os agentes (políticos, burocratas, trabalhadores) fizessem o que os principais (eleitores, políticos e administradores) desejassem, mesmo na impossibilidade de observar a ação dos primeiros. Esse referencial informa o quarto tipo de modelos de socialismo de mercado que mencionamos anteriormente.

Com isso chegamos ao último estágio do debate. Para um economista ortodoxo contemporâneo, o problema com o socialismo real, como o soviético, foi a falta de incentivos para trabalho com afinco: o Estado finge que paga e o trabalhador finge que trabalha. Os austríacos, por outro lado, continuam a enfatizar o problema original da falta de cálculo econômico. O problema *não foi de incentivos*: a ausência de inovação no socialismo real não ocorreu porque agentes deixaram de seguir ordens a respeito. Sem propriedade privada, não temos mercados que envolvam tanto a liberdade para criar planos de ação inspirados pelas crenças mercadológicas dos empresários nem a formação de preços que reflitam as disposições a pagar por cada recurso, de modo que esses planos empresariais tenham sua viabilidade avaliada *ex ante* e testada *ex post*. Os economistas da escola da Escolha Pública, por sua vez, criticaram os novos modelos de socialismo de mercado porque estes ignoraram o auto-interesse de pessoas em posição de poder.

Esse breve resumo de um debate centenário nos mostrou tanto o choque de concepções teóricas diferentes (do marxismo à teoria da escolha pública) quanto a própria evolução das teorias (da consolidação da teoria austríaca de processo de mercado à incorporação de informação assimétrica na teoria de equilíbrio). A riqueza de pontos de vista teóricos empregados e o entusiasmo político suscitado por defensores e críticos do ideal socialista fez com que os economistas visitassem os pressupostos mais fundamentais de suas crenças e considerassem os mais diferentes aspectos do problema do cálculo sob arranjos mais ou menos centralizados.

Não surpreende então que o problema do cálculo inspire diversas aplicações. A mais direta é naturalmente a tentativa de gerar respostas mais convincentes ao desafio proposto por Mises. A mais óbvia, por outro lado, diz respeito à interpretação das economias do socialismo real. Tendo em vista o problema do cálculo, como devemos considerar a experiência soviética? Para alguns, a rápida reintrodução de um sistema de preços a partir de 1921 na Nova Política Econômica (NEP) soviética confirma a tese de Mises; outros explicam a longevidade do sistema pelo uso de preços internacionais, ao passo que outros ou negam que a União Soviética fosse socialista ou mesmo que a experiência teria refutado Mises. No primeiro tipo de interpretação, o caso russo mostraria o grau máximo de intervencionismo que uma sociedade poderia suportar sem ser dissolvido.

Um segundo grupo de aplicação histórica diz respeito ao processo de transição do socialismo real para economias de mercado. Essa transição envolve o paradoxo dado pela tentativa de "planejar o desplanejamento", que em última análise se manifesta nas discussões sobre as vantagens e desvantagens de terapias de choque *versus* gradualismo.

Na análise de sistemas econômicos intervencionistas iniciada pelo próprio Mises, o problema do cálculo fornece um limite superior para o processo de crescimento do estado gerado pela propagação de controles suscitado por medidas intervencionistas iniciais. Os austríacos têm também se dedicado ao desenvolvimento dessa teoria.

Outro desdobramento digno de nota é a discussão sobre o tamanho máximo de firmas. Será que o processo de integração horizontal e vertical, que substitui relações de mercado por relações de comando intrafirma geram algo como um "caos calculacional" gerado pela ausência de formação de preços, que gera má alocação de recursos conforme a firma cresce de tamanho?

Por fim, o problema do cálculo pode ser utilizado na discussão da engenharia de mecanismos de incentivos. Será que um sistema de pontuação da produção intelectual de pesquisadores universitários, por exemplo, corresponde a incentivos "de mercado" ou geram apenas burocracia e excesso de pesquisa sem relevância? A resposta passa pela natureza do sistema de "preços" utilizado: enquanto, por um lado, o sistema de seleção fornecido por preços reais é descentralizado, por outro lado, comitês centrais determinam o valor da pontuação. Em que medida tais pontos incluem menos informação do que preços gerados em sistemas descentralizados?

Nessas questões e em qualquer outra que envolva a comparação entre instituições mais ou menos centralizadas, o problema proposto por Ludwig von Mises pode ser empregado. Essa riqueza de aplicações atesta mais uma vez a importância do texto *Die Wirtschaftsrechnung im sozialistischen Gemeinwesen* [*O Cálculo Econômico em uma Comunidade Socialista*], que o leitor encontra nas próximas páginas.

Aquele que espera do socialismo um sistema econômico racional, será forçado a reexaminar seus pontos de vista.

Dr. Ludwig Edler von Mises

 século XX testemunhou o surgimento, o desenvolvimento e o colapso do mais trágico experimento da história humana: o socialismo. Essa experiência resultou em monstruosas perdas humanas, na destruição de economias potencialmente ricas e em colossais desastres ecológicos[1]. Tal experimentação

---

[1] Possível menção ao mais grave acidente nuclear, o desastre de Chernobil, ocorrido em 26 de abril de 1986, na cidade de Pripyat, atualmente localizada na Ucrânia. De acordo com inúmeras pesquisas, os países comunistas do leste europeu atingiram os maiores índices de poluição no século XX. O professor Yuri N. Maltsev organizou em 1993 e escreveu a introdução de uma coletânea com ensaios de David Gordon, Hans-Hermann Hoppe, Gary North, David Osterfeld, Ralph Raico (1936-2016) e Murray N. Rothbard (1926-1995), nos quais são discutidos os problemas teóricos do marxismo e as consequências nefastas das experiências socialistas. Ver: MALTSEV, Yuri N. (Org.). *Requiem for Marx*. Auburn: Ludwig von Mises Institute, 2007. (N. E.)

Prefácio à Edição Norte-Americana de 1990

Yuri Maltsev

(teoricamente) acabou, mas a devastação continuará afetando a vida e a saúde das inúmeras gerações vindouras.

Entretanto, a verdadeira tragédia desse experimento é que Ludwig von Mises (1881-1973) e seus seguidores – dentre as melhores mentes econômicas do século XX – já haviam desmascarado e explicitado toda a realidade do socialismo ainda em 1920. O alerta deles, contudo, foi completamente ignorado.

No presente ensaio, *Die Wirtschaftsrechnung im sozialistischen Gemeinwesen* [*O Cálculo Econômico em uma Comunidade Socialista*], o economista austríaco examina as alegações mais fundamentais do marxismo. Ao fazer isso, Ludwig von Mises expõe o socialismo como um esquema que, além de ser utópico, é ilógico, antieconômico e impraticável em essência. É "impossível" e está destinado ao fracasso porque carece da fundamentação lógica da economia; o socialismo não fornece meio algum para se fazer qualquer cálculo econômico objetivo

– o que, por conseguinte, impede que os recursos sejam alocados nas aplicações mais produtivas. Em 1920, entretanto, o entusiasmo pelo socialismo era tão forte, principalmente entre os intelectuais ocidentais, que essa pequena e clarividente obra-prima de Mises não apenas não foi compreendida, como também foi distorcida de modo deliberado pelos críticos[2].

No entanto, a efetiva implementação do socialismo mostrou a total validade da análise de Mises. O socialismo tentou substituir bilhões de decisões individuais tomadas por consumidores soberanos no mercado por um "planejamento econômico racional" feito por uma comissão de iluminados investida do poder de determinar tudo o que seria produzido e consumido, e quando, como e por quem se daria a produção e o consumo. Isso gerou escassez generalizada, fome e frustração em massa. Quando o governo soviético tabelou e fixou 22 milhões de preços, 460.000 salários e mais de 90 milhões de funções para os 110 milhões de funcionários do governo, o caos e a escassez foram o inevitável resultado. O Estado socialista destruiu a ética inerente ao trabalho, privou as pessoas da oportunidade e da iniciativa de empreender, e difundiu amplamente uma mentalidade assistencialista.

O socialismo produziu monstros como Josef Stalin (1878-1953) e Mao Tsé-Tung (1893-1976), e cometeu crimes até então sem precedentes contra a humanidade, em todos os Estados

---

[2] Uma análise econômica e histórica sistemática acerca do debate iniciado após a publicação do ensaio de Ludwig von Mises, repleta de indicações bibliográficas, é apresentada em língua portuguesa na seguinte obra: BARBIERI, Fabio. *História do Debate do Cálculo Econômico Socialista*. São Paulo: Instituto Ludwig von Mises Brasil, 2013. (N. E.)

comunistas³. A destruição da Rússia e do Camboja, bem como a humilhação sofrida pela população da China e do Leste Europeu, não foram causadas por "distorções do socialismo", como os defensores dessa doutrina gostariam de nos convencer: são a consequência inevitável da destruição do mercado, que começa com a tentativa de substituir as decisões econômicas de indivíduos livres pela "sabedoria dos planejadores".

A verdadeira natureza da pretensa economia centralmente planejada é bem ilustrada por uma tirada espirituosa que ouvi há alguns anos do economista soviético Nikolai Fedorenko (1917-2006). Disse que, com a ajuda dos melhores computadores, um plano econômico totalmente equilibrado, verificado e detalhado, para o ano seguinte, só ficaria pronto em 30.000 anos. Existem milhões de tipos de produtos e centenas de milhares de empresas; é necessário tomar bilhões de decisões relativas a matérias-primas e produtos finais, e os planos devem abranger todas as variáveis relativas à força de trabalho, à oferta de materiais, aos salários, aos custos de produção, aos preços, aos "lucros planejados", aos investimentos, ao transporte, ao armazenamento e à distribuição. E mais: essas decisões se originam de diferentes partes da hierarquia planejadora. Tais decisões são, em regra, inconsistentes e contraditórias entre si, uma vez que cada uma reflete os interesses conflitantes de diferentes estratos da burocracia. Porque o plano precisa ficar pronto

---

³ Sobre a temática, ver: COURTOIS, Stéphane *et al. O Livro Negro do Comunismo: Crimes, Terror e Repressão.* Trad. Caio Meira. Rio de Janeiro: Bertrand Brasil, 1999. (N. E.)

no ano seguinte, e não em 29.999 anos, inevitavelmente será irracional e assimétrico. Ludwig von Mises provou que, sem propriedade privada dos meios de produção, mesmo 30.000 anos de cálculos computacionais não conseguiriam fazer o socialismo funcionar.

Assim que destruíram a instituição da propriedade privada, os defensores do socialismo se viram em um entrave teórico e prático. Portanto, recorreram à criação de esquemas artificiais. Na economia soviética, o lucro é planejado como função do custo. Os planejadores centrais fornecem "variáveis de controle" às empresas, que as utilizam para determinar os "lucros planejados" em termos de uma porcentagem dos custos. Assim, quanto mais for gasto, maiores serão os lucros. Sob uma monopolização de 100%, esse simples arranjo arruinou completamente as economias da União Soviética, da Europa Oriental e de outros Estados "socialistas" em um grau só comparável às invasões bárbaras em Roma.

Hoje, as consequências desastrosas da imposição dessa utopia na desventurada população dos Estados comunistas estão claras até para seus líderes. Como Ludwig von Mises previu em sua introdução, não obstante o "país das maravilhas imaginário", os pombos assados não voaram direto para dentro das bocas dos camaradas. E até mesmo de acordo com as estatísticas oficiais da União Soviética, 234 dos 277 bens de consumo básico incluídos pelo comitê estatal de estatísticas na "cesta básica" para a população soviética estão "em falta" no sistema estatal de distribuição.

Os defensores ocidentais do socialismo, todavia, ainda seguem repetindo a mesma ladainha sobre a necessidade de se restringir os direitos de propriedade e substituir o mercado pela "sabedoria" do planejamento central.

Em 1920, o mundo negligenciou ou rejeitou o alerta misesiano de que *"o socialismo é a abolição da racionalidade econômica"*[4]. Não podemos nos dar ao luxo de repetir esse erro novamente. Temos de estar sempre alerta a todos os esquemas que possam nos levar a uma nova rodada de experimentos estatais em pessoas e na economia.

A propriedade privada dos fatores materiais de produção não é uma restrição à liberdade dos outros de escolher aquilo que mais lhes convenha. Bem ao contrário, é o meio que garante ao homem comum, em sua condição de comprador, a supremacia em todos os assuntos econômicos. É o principal meio de estimular os indivíduos mais empreendedores de uma nação a esforçarem-se, na medida de suas capacidades, a serviço de todos[5].

Nunca mais devemos esquecer ou ignorar os critérios desse grande pensador, pelo bem da liberdade e das gerações futuras.

---

[4] Na presente edição, ver: "A Natureza do Cálculo Econômico". p. 91. (N. E.)
[5] Afirmação feita no ensaio *Liberty and Prosperity* [*Liberdade e Propriedade*], apresentado originalmente pelo autor em 1956 na reunião da Mont Pelerin Society. O texto se encontra disponível em português na seguinte edição: MISES, Ludwig von. *Liberdade e Propriedade: Ensaios sobre o Poder das Ideias*. Apres. Jörg Guido Hülsmann; pref. André Luiz S. C. Ramos; posf. Claudio A. Téllez-Zepeda; trad. Evandro Ferreira e Silva e Claudio A. Téllez-Zepeda. São Paulo: LVM, 2017. p.108. (N. E.)

A influente refutação da economia socialista foi escrita em 1920 no ensaio *Die Wirtschaftsrechnung im sozialistischen Gemeinwesen* [*O Cálculo Econômico em uma Comunidade Socialista*] de Ludwig von Mises (1881-1973), porém, é uma perfeita descrição do "socialismo real" de hoje – ou melhor, de ontem. A tese de Mises é que em uma economia socialista é impossível haver um cálculo econômico racional; as tentativas de alocar eficientemente os recursos na ausência de propriedade privada dos meios de produção devem fracassar. A desastrosa experiência do bloco Oriental com o socialismo mostrou ao mundo que o economista austríaco estava correto desde o início.

Neste ensaio, Ludwig von Mises disserta sobre o socialismo maduro, em que o Estado é o único proprietário de todos os meios de

Introdução à Edição Norte-Americana de 1990

Jacek Kochanowicz

produção. Embora escrito há muito tempo, sua descrição é um reflexo perfeito da realidade econômica da União Soviética desde o final da década de 1920, e da Europa Central e da Europa Oriental desde o final da década de 1940 até praticamente hoje.

Na economia socialista descrita por Mises, indivíduos com gostos diferentes demandam e trocam livremente bens de consumo. O dinheiro pode existir, mas somente dentro da limitada esfera do mercado para bens de consumo. Na esfera da produção, entretanto, não há propriedade privada dos meios de produção. Os meios de produção não são intercambiados e, como consequência, é impossível estabelecer preços que reflitam as condições reais. E se não há preços, não há um método para se encontrar a combinação mais efetiva dos fatores de produção.

Esse trabalho pioneiro de Ludwig von Mises levou a um famoso debate sobre o cálculo econômico no socialismo. O economista polonês

Oskar Lange (1904-1965) contestou a posição do economista austríaco e tentou demonstrar que o socialismo pode funcionar pelo método de *"tentativa e erro"*[1]. No modelo de Lange, a economia opera em um livre mercado para bens de consumo. A esfera da produção é organizada em empresas e filiais, e há um comitê de planejamento central. Exige-se que os dirigentes das empresas estabeleçam planos de produção exatamente da mesma maneira que fariam os empreendedores privados – uma maneira que minimize os custos e faça com que o custo marginal seja igual ao preço. O comitê de planejamento central determina a taxa de investimento, o volume e a estrutura dos bens públicos, e os preços de todos os insumos. A taxa de investimento é estabelecida igualando-se a demanda à oferta de bens de capital. O comitê aumenta os preços quando a demanda não é satisfeita e os diminui quando a oferta é muito grande.

Supondo, por um momento que, isso funcione, surge a pergunta inevitável: por que esse método seria melhor do que o mercado verdadeiro? Para Lange, havia duas vantagens. Primeiro, a renda pode ser distribuída mais equitativamente. Uma vez que não há rendimento de capital, as pessoas são pagas de acordo com seu trabalho. (Algumas pessoas talentosas receberiam uma renda adicional, que seria um tipo de "aluguel" por suas habilidades específicas). Segundo, o socialismo permite um melhor planejamento para investimentos de longo prazo. O investimento não será

---

[1] LANGE, Oskar. "On the Economic Theory of Socialism". *The Review of Economic Studies*, Volume 4 (1936-1937): 53-71; 123-42.

guiado por flutuações de curto prazo nas opiniões acerca de oportunidades futuras e, por isso, haverá menos desperdício e mais racionalidade. De maneira semelhante ao raciocínio de John Maynard Keynes (1883-1946) e, mais tarde, Paul Samuelson (1915-2009), Oskar Lange também pensava que, embora o livre mercado pudesse fornecer sinais adequados quanto às decisões de produção no curto prazo, não poderia fornecer sinais de longo prazo em relação ao investimento.

Lange utilizava a terminologia neoclássica, não a marxista. Embora, por convicção, fosse um socialista, era fascinado pelo lado intelectual da economia marginalista e pela possibilidade de mostrar por intermédio desse aparato que Mises estava errado. Oskar Lange pensava que, teoricamente, a possibilidade do cálculo econômico sem um mercado genuíno fora demonstrada pelo economista italiano Enrico Barone (1859-1924) em 1908[2]. Barone referiu-se a um sistema de equilíbrio geral ao afirmar que, se o sistema de equações pudesse ser resolvido, os equilíbrios parciais entre produtores e consumidores poderiam ser estabelecidos *ex ante*. Entretanto, o argumento de Barone era que tal possibilidade era praticamente impossível; portanto, assim como Mises, defendia a ideia de que o socialismo não poderia funcionar de modo eficiente. A intenção de Lange era mostrar que tanto Mises quanto Barone estavam errados (mas Mises em um grau maior) e que, na teoria e na prática, o cálculo era possível.

---

[2] BARONE, Enrico. "Il Ministro della Produzione nello Stato Collettivista". *Giornale degli Economisti*, Volume 37 (Settembre / Ottobre 1908): 267-93; 391-414.

Lange pensava ter finalmente resolvido os problemas do cálculo socialista demonstrados por Mises neste ensaio *O Cálculo Econômico em uma Comunidade Socialista*. E, sobre isso, Lange escreveu em seu artigo "On the Economic Theory of Socialism" [Sobre a Teoria Econômica do Socialismo]:

> Os socialistas certamente têm boas razões para se mostrarem gratos ao professor Mises, o grande *advocatus diaboli* da causa deles. Pois foi sua poderosa refutação que obrigou os socialistas a reconhecer a importância de ter um adequado sistema de contabilidade econômica para guiar a alocação de recursos em uma economia socialista. Mais ainda: foi principalmente por causa do desafio apresentado pelo professor Mises que muitos socialistas tiveram noção da própria existência de tal problema [...]. O mérito de fazer os socialistas abordar sistematicamente esse problema pertence totalmente ao professor Mises.

Assim, Oskar Lange sugeriu o seguinte:

> Tanto como expressão de reconhecimento pelo grande serviço prestado por ele, quanto como lembrança da importância precípua de se ter um sólido método de contabilidade econômica, uma estátua do professor Mises deveria ocupar um lugar de honra no saguão do Ministério da Socialização ou no do comitê de planejamento central do Estado socialista.

As ideias teóricas de Oskar Lange, bem como sua convicção quanto à aplicabilidade prática de um "mercado simulado" dentro da economia socialista, foram, por sua vez, questionadas por F. A. Hayek (1899-1992)³. Hayek percebeu que Lange havia cometido vários erros. Na versão langeana do socialismo, seria necessário um exército de controladores para verificar os cálculos dos dirigentes das empresas. O que, no entanto, motivaria os dirigentes das empresas e das filiais? O que os impediria de trapacear? Ademais, os resultados desses cálculos teriam de ser comparados com cálculos contrafactuais a fim de verificar se os dirigentes das empresas haviam escolhido a melhor combinação possível de fatores de produção. Tudo isso requereria um imenso Estado burocrático.

O lado prático do socialismo seguiu o próprio rumo. A economia comunista, como a conhecemos, foi arquitetada na União Soviética no final da década de 1920 e no início da década de 1930 e, então, transplantada para a Europa Central e para a Europa Oriental após a Segunda Guerra Mundial. Durante algum tempo, as coisas pareciam funcionar bem, ao menos do ponto de vista das burocracias governantes, que não hesitaram em utilizar medidas totalitárias e terrorismo em massa.

Não havia lugar para a propriedade privada e nem para o mercado. O único método de coordenação da atividade econômica eram ordens governamentais e alocações burocráticas. O resultado foi uma crise prolongada, marcada pela estagnação ou decréscimo de produção, inflação, desastres ecológicos (por causa da utilização desregrada de

---

³ HAYEK, F. A. "Socialist Calculation: The Competitive 'Solution'". *Economica*, New Series, Volume 7, Number 26 (May, 1940): 125-49.

todos os tipos de recursos – energia, água, florestas etc.), queda no padrão de vida, frustrações públicas e patologias sociais em larga escala. Essa crise, conjugada com alguns desdobramentos políticos, como a ascensão de uma oposição organizada, produziu as mudanças revolucionárias que testemunhamos em 1989.

Nos países do Leste Europeu, e na Polônia em particular, existe hoje um forte desejo de se restabelecer a propriedade privada e o livre mercado.

Quando isso tiver se consumado, talvez a sugestão de Oskar Lange deva ser considerada: uma estátua de Ludwig von Mises deveria ser erguida na Polônia; em homenagem ao seu derradeiro triunfo intelectual, pois sua visão de sociedade livre proporciona uma base intelectual firme para o surgimento de uma Polônia livre e próspera.

O CÁLCULO ECONÔMICO EM UMA COMUNIDADE SOCIALISTA

Existem muitos socialistas que nunca abordaram, de modo algum, os problemas da ciência econômica, e que jamais fizeram qualquer tentativa de criar algum conceito claro a respeito das condições que determinam a natureza da sociedade humana. Existem outros que examinaram profundamente a história econômica do passado e do presente, e fizeram um grande esforço – com base em seus achados – para construir uma teoria sobre a economia da sociedade "burguesa". Criticaram com muita liberdade a estrutura econômica da sociedade "livre", mas deixaram de aplicar, de modo consistente, à economia do controverso Estado socialista, a mesma argúcia cáustica que já demonstraram em outras análises, nem sempre bem-sucedidas.

Introdução

A economia, como tal, figura de maneira muito esparsa no cenário glamoroso pintado pelos utópicos. No país das maravilhas imaginário, sempre explicam que pombos assados irão de alguma maneira voar direto para dentro das bocas dos camaradas, mas omitem demonstrar como esse milagre virá a ocorrer. Quando começam, de fato, a ser mais explícitos no âmbito econômico, rapidamente se veem perdidos – basta lembrarmo-nos, por exemplo, dos devaneios fantásticos de Pierre-Joseph Proudhon (1809-1865), de um banco para empréstimos sem juros[1] –, de modo que não é difícil apontar as falácias lógicas.

---

[1] A ideia foi defendida pelo anarquista francês na obra *Idée générale de la révolution au XIXe siècle* [*Ideia Geral da Revolução no Século XIX*], lançada originalmente em 1851. O trabalho foi publicado em língua inglesa na seguinte edição: PROUDHON, Pierre-Joseph. *General Idea of the Revolution in the Nineteenth Century*. Trad. John Beverly Robinson. London: Freedom Press, 1923. Ver, também: DANA, Charles A. *Proudhon and his "Bank of the People"*. New York: Benjamin J. Tucker, 1896. Tal concepção de Pierre-Joseph Proudhon é parte fundamental da

Quando o marxismo proíbe solenemente seus partidários de se ocupar com problemas econômicos além da expropriação dos expropriadores, não está adotando nenhum princípio novo, uma vez que os utópicos, do começo ao fim de seus relatos, também abandonaram quaisquer considerações econômicas mais profundas, concentrando-se exclusivamente em retratar cenários lúgubres das atuais condições e cenários fulgurantes para a era de ouro que virá como consequência natural dessa nova Revelação.

Ainda que consideremos o advento do socialismo como resultado inevitável da evolução humana, ou mesmo que consideremos que a socialização dos meios de produção é a maior das bênçãos ou o pior dos desastres que podem recair sobre a humanidade, devemos ao menos concordar que uma investigação acerca das condições de uma sociedade organizada sobre princípios socialistas seja algo mais que *"um bom exercício mental e um meio de promover a transparência política e a consistência do pensamento"*[2]. Em uma época em que estamos nos aproximando cada vez mais do socialismo, e que até mesmo, em um certo sentido, estamos por ele dominados, uma análise dos problemas inerentes ao Estado socialista

---

chamada teoria econômica mutualista. Em nossos dias o mutualismo foi defendido pelo economista libertário norte-americano Kevin Carson na obra *Studies in Mutualist Political Economy* [*Estudos em Economia Política Mutualista*], de 2007, que recebeu críticas severas dos libertários misesianos Roderick Long, Robert Murphy e Walter Block, cujos textos estão disponíveis em língua portuguesa no Volume III, Número 2 (Edição 06, Julho-Dezembro de 2015) do periódico acadêmico *MISES: Revista Interdisciplinar de Filosofia, Direito e Cultura*. (N. E.)

[2] KAUTSKY, Karl. *The Social Revolution and On the Momnv of the Social Revolution*. London: Twentieth Century Press, 1907. Parte II, p. 1.

adquire um significado suplementar para explicar o que está acontecendo ao nosso redor.

As análises anteriores da economia de trocas voluntárias não bastam para a compreensão adequada dos fenômenos sociais da Alemanha e dos países vizinhos ao Leste. Nossa tarefa nesse contexto é compreender, de modo amplo, os elementos da sociedade socialista[3]. Tentativas de obter clareza nesse assunto não precisam de mais justificativas.

---

[3] O economista austríaco discute o problema do socialismo em seus aspectos econômicos e sociológicos de modo mais aprofundado no livro *Die Gemeinwirtschaft: Untersuchungen über den Sozialismus* [*A Economia Coletiva: Estudos sobre o Socialismo*], lançado originalmente em alemão no ano de 1922. Traduzido para o inglês em 1936, o livro se encontra disponível atualmente nesse idioma na seguinte edição: MISES, Ludwig von. *Socialism: An Economic and Sociological Analysis*. Pref. F. A. Hayek; trad. J. Kahane. Indianapolis: Liberty Fund, 1992. (N. E.)

CAPÍTULO 1

o socialismo, todos os meios de produção são propriedade da comunidade. Somente a comunidade pode deles dispor e determinar como utilizá-los na produção. Não é preciso dizer que a comunidade só estará apta a empregar os poderes de ordenação da produção ao criar um organismo especial para essa finalidade. A estrutura desse organismo e a questão de como ele articulará e representará o desejo da comunidade é, para nós, de importância subsidiária. Podemos supor que a última questão dependerá da escolha do corpo de funcionários ou – nos casos em que o poder não seja conferido por uma ditadura – do voto majoritário dos membros da corporação.

O dono dos bens de produção, que fabricou bens de consumo e, portanto, tornou-se o proprietário, agora tem a opção de escolher

A Alocação de Bens de Consumo no Socialismo

consumi-los ele mesmo ou deixar que terceiros o façam[4]. Entretanto, quando a comunidade se torna proprietária dos bens de consumo – que adquiriu ao produzir –, a escolha não mais existirá. Ela mesma não poderá consumir; necessariamente tem de permitir que outros o façam. Quem deverá consumir e o que deve ser consumido por cada um é o ponto crucial do problema da alocação socialista.

É típico do socialismo que a alocação de bens de consumo deva ser independente da produção e das condições econômicas. É irreconciliável com a natureza da propriedade comunal da produção de bens que sua alocação dependa, ainda que parcialmente, da imputação econômica

---

[4] Análises sobre as diferenças marcantes entre o Capitalismo e o Socialismo são apresentadas pelo autor, respectivamente, nos capítulos 1 e 2 da seguinte obra: MISES, Ludwig von. *As Seis Lições: Reflexões sobre Política Econômica para Hoje e Amanhã*. Apres. Murray N. Rothbard; prefs. Ubiratan Jorge Iorio & Margit von Mises; intr. Bettina Bien Greaves; posf. Alex Catharino; trad. Maria Luiza X. de A. Borges. São Paulo: LVM, 8ª ed. rev., 2017. (N. E.)

do produto atribuível aos respectivos fatores de produção. É um absurdo lógico argumentar que o trabalhador desfruta de "pleno rendimento" do trabalho, visto que a partilha dos fatores materiais de produção segue uma alocação distinta. Pois, como demonstraremos, repousa na própria natureza da produção socialista que as quotas dos respectivos fatores de produção particulares no conjunto da produção nacional não podem ser aferidas, e que é impossível, de fato, mensurar a relação entre gasto e renda.

Que critério será o escolhido para a alocação dos bens de consumo entre os camaradas é, para nós, uma consideração de importância relativamente secundária. Se serão alocados segundo as necessidades individuais – de modo que recebam mais os que mais necessitam –, ou se o homem superior deva receber mais que o inferior, ou se uma alocação estritamente igualitária deva ser contemplada como a ideal, ou se o critério seja o serviço ao Estado, tudo isso é irrelevante, visto que, em qualquer circunstância, as parcelas serão determinadas pelo Estado.

Assim, admitimos a simples proposição de que a alocação será determinada segundo o princípio de que o Estado trata igualmente todos os membros. Não é difícil imaginar inúmeras peculiaridades tais como idade, sexo, saúde, ocupação etc., segundo as quais o que cada indivíduo receba deva ser categorizado. Cada camarada recebe um punhado de cupons, resgatáveis por determinado período de tempo, em uma determinada quantidade de bens específicos. Assim, ele poderá comer várias vezes ao dia, encontrar um lugar permanente para morar, desfrutar de diversões ocasionais e, de tempos em tempos, adquirir roupas novas.

O abastecimento de tais necessidades será mais ou menos abundante, dependendo da produtividade do trabalho social.

Ademais, não é preciso que cada homem consuma toda a sua quota. Ele pode deixar que parte pereça sem ser consumida; pode doá-la como presente; pode até – caso a natureza dos bens permita – estocá-la para uso futuro. Ele também pode, no entanto, intercambiar alguns dos bens. Um beberrão alegremente abrirá mão das bebidas não alcoólicas que lhes forem provisionadas, caso possa trocá-las por mais cerveja, ao passo que o abstêmio prontamente abrirá mão de sua porção de bebidas alcoólicas caso consiga trocá-las por outros bens. O amante das artes estará disposto a ceder suas entradas de cinema caso possa trocá-las pela oportunidade de ouvir boa música, ao passo que o homem vulgar e de espírito estreito certamente estará muito disposto a trocar suas entradas para exposições artísticas por divertimentos que sejam mais fáceis de assimilar. Todos acolherão de bom grado as trocas. Entretanto, a contraparte dessas trocas sempre será um bem de consumo. Bens de produção, em uma comunidade socialista, são exclusivamente comunais; são propriedade inalienável da comunidade, e, portanto, *res extra commercium* (bens fora do comércio).

O princípio básico do intercâmbio, assim, poderá operar livremente em um Estado socialista dentro de restritos limites. E a troca nem sempre precisará ocorrer na forma direta. As mesmas bases que sempre existiram para o estabelecimento das trocas indiretas permanecerão em um Estado socialista, trazendo vantagens para aqueles que incorrerem nelas. Conclui-se que o Estado socialista, portanto, permitirá o uso de um meio de troca universal – isto é, o dinheiro. Sua função na sociedade socialista será fundamentalmente a mesma que a na sociedade competitiva; em ambas, serve como meio universal de troca. No entanto, a importância do dinheiro em uma sociedade em que os meios de produção são controlados pelo Estado será diferente em importância daquela em que os meios de produção são propriedade privada. Com efeito, a importância será incomparavelmente menor, uma vez que o material disponível para troca será mais limitado, já que as trocas estarão confinadas apenas aos bens de consumo. Ademais, exatamente pelo fato de os bens de produção jamais se tornarem objeto de troca, será impossível determinar seu valor monetário. Em um Estado socialista, o dinheiro jamais poderá cumprir o papel que cumpre em uma sociedade competitiva, determinando o valor dos bens de produção. O cálculo em termos monetários será impossível.

As relações resultantes desse sistema de trocas entre os camaradas não podem ser desconsideradas por aqueles que são responsáveis pela administração e alocação dos produtos. Devem tomar tais relações como base quando buscarem repartir bens *per capita* de acordo com os valores de troca. Se, por exemplo, um charuto passar a valer o mesmo que cinco cigarros, será impossível para a administração fixar arbitrariamente o valor de um charuto como igual a três cigarros como base para uma alocação equânime de charutos e cigarros, respectivamente. Se os cupons de tabaco não puderem ser resgatáveis de modo uniforme por cada indivíduo – ou seja, uma parte em charutos e a outra parte em cigarros –, e se alguns receberem apenas charutos e outros receberem apenas cigarros, seja porque essa é a vontade deles ou porque a agência pública nada pode fazer naquele momento, as condições vigentes do mercado de troca teriam, então, de ser cumpridas. Caso contrário, as pessoas que adquirissem cigarros estariam em desvantagem perante os adquirentes de charutos, pois o indivíduo que obtivesse um charuto poderia trocá-lo por cinco cigarros, embora este estivesse artificialmente precificado em apenas três cigarros.

Variações dos termos de troca nas relações comerciais entre os camaradas, por conseguinte, acarretarão variações correspondentes nas estimativas dos administradores quanto ao caráter representativo dos diferentes bens de consumo. Uma variação como essa demonstra que surgiu uma disparidade entre as necessidades particulares dos camaradas e suas respectivas gratificações, porque, de fato, uma mercadoria é mais desejada do que outra.

A administração terá de se esforçar para levar esse ponto em consideração, também, no que diz respeito à produção. Os bens de maior demanda terão de ser produzidos em maiores quantidades, ao passo que a produção dos menos demandados terá de ser reduzida. Tal controle pode ser possível, mas não terão liberdade de fazer uma coisa: não poderão deixar um camarada individualmente demandar que o equivalente ao valor de seu cupom de tabaco seja resgatado em cigarros ou charutos, conforme desejar. Se o camarada tiver o direito de escolher, então poderá ocorrer que a demanda por charutos e cigarros exceda a oferta, ou vice-versa, isto é, que os charutos e os cigarros se acumulem nas agências distribuidoras porque ninguém os quer.

Se for adotada a perspectiva da teoria do valor-trabalho, então o problema admitirá espontaneamente uma solução simples. O camarada será classificado de acordo com cada hora de trabalho, o que lhe habilitará receber o produto equivalente às horas trabalhadas, menos a quantia deduzida para atender aos gastos obrigatórios da comunidade como um todo, como o sustento do incapaz, educação etc.

Se tomarmos a quantia deduzida para cobrir os gastos comunais como o equivalente à metade do produto do trabalho, cada trabalhador que tiver trabalhado por uma hora terá direito a auferir somente uma quantia do produto que equivalha à meia hora de trabalho. Consequentemente, qualquer um que esteja em condições de ofertar o dobro das horas de trabalho gastas na fabricação de um produto poderá então adquiri-lo, tirá-lo do mercado e utilizá-lo para uso ou consumo próprio. Para esclarecer ainda mais o problema, seria melhor presumir que o Estado nada deduz dos trabalhadores para o cumprimento de suas obrigações, mas, por outro lado, impõe um imposto sobre a renda dos trabalhadores. Desta maneira, cada hora de trabalho confere o direito do trabalhador obter para si a quantidade de bens atribuída à uma hora de trabalho.

Entretanto, essa maneira de determinar a alocação seria obviamente impraticável, uma vez que trabalho não é uma quantidade uniforme e homogênea. Há necessariamente uma diferença qualitativa entre os vários tipos de trabalho, o que leva a uma valoração distinta de acordo com a diferença nas condições de demanda e oferta dos produtos. Por exemplo, a oferta de obras-de-arte não pode ser aumentada, *ceteris paribus*, sem que haja uma queda na qualidade do produto. Da mesma maneira, não podemos permitir que o trabalhador que ofertou uma hora do tipo mais simples de trabalho tenha direito a receber o produto de uma hora de trabalho mais qualificado. Assim, torna-se completamente impossível, em uma comunidade socialista, postular uma ligação entre a importância para a comunidade de um tipo de trabalho e a maneira como será feita a alocação do produto originado do processo comunal de produção. A remuneração da mão-de-obra não pode se dar de outro modo senão em base arbitrária; não poderá se basear na valoração econômica do produto, como ocorre em uma sociedade competitiva, em que os meios de produção estão em mãos privadas, já que, como vimos, qualquer valoração desse tipo é impossível em uma comunidade socialista. As realidades econômicas impõem limites claros ao poder de a comunidade fixar a remuneração do trabalho arbitrariamente: em nenhuma circunstância a soma gasta com os salários poderá exceder a renda total, em qualquer período de tempo.

Observados esses limites, a comunidade poderá proceder como quiser. Poderá determinar que toda a mão-de-obra deva ser considerada de igual valor, de modo que cada hora de trabalho, independentemente da qualidade, acarrete a mesma remuneração; pode, igualmente, fazer uma distinção levando em conta a qualidade do trabalho feito. Entretanto, em ambas as situações ela deverá reservar para si o poder de controlar a alocação do produto do trabalho em si. Jamais será possível fazer com que aquele indivíduo que colocou uma hora de seu trabalho na produção também tenha o direito de consumir o produto de uma hora de trabalho, mesmo deixando de lado a questão da diferença na qualidade da mão-de-obra e dos produtos, e admitindo que seja possível medir a quantidade de trabalho representada por qualquer produto. Pois, além da mão-de-obra empregada, a produção de todos os bens econômicos também incorre em custos de matérias-primas. Um bem que utilize mais matéria-prima do que outro nunca poderá ser considerado como de valor igual ao que menos utilize[5].

---

[5] Para uma análise mais detalhada acerca do problema da alocação de bens de consumo no socialismo, além do já mencionado livro *Socialism: An Economic and Sociological Analysis*, ver, também, o capítulo 11 ("Valoração sem Cálculo") da seguinte obra: MISES, Ludwig von. *Ação Humana: Um Tratado de Economia*. Trad. Donald Stewart Jr. São Paulo: Instituto Ludwig von Mises Brasil, 3ª Ed., 2010. p. 251-62. (N. E.)

CAPÍTULO 2

Todo homem que, no decorrer da vida econômica, faz a escolha entre satisfazer uma necessidade em detrimento de outra, *eo ipso*, a partir de um juízo de valor. Tais juízos de valor, de imediato, encerram apenas a satisfação da necessidade em si; e, daí, repercutem nos bens de ordem mais baixa, e depois nos bens de ordem mais elevada[6].

Em regra, o homem que está certo do que deseja está em posição de avaliar bens de ordens mais baixas. Sob condições simples, também é possível, sem maiores delongas, que forme algum juízo sobre

---

[6] Por bens de "ordem mais baixa" Ludwig von Mises se refere aos bens de consumo final, ao passo que utiliza a terminologia "ordem mais elevada" ou "ordem mais remota" para aqueles utilizados na produção. Sobre o assunto, ver: MISES. *Ação Humana. Op. cit.*, p. 127, 163-64, 258, 272, 303, 329, 395-97, 427, 726. (N. E.)

A Natureza do Cálculo Econômico

a importância que confere a alguns bens de ordem mais elevada. Entretanto, nas situações em que o cenário é mais complexo e há mais interconexões que não são facilmente discerníveis, devem ser empregados meios mais sutis para obter uma avaliação correta[7] dos meios de produção. Não seria difícil para um agricultor economicamente isolado fazer uma distinção entre a expansão do campo de pasto e o crescimento da atividade no campo de caça. Nesse caso, os processos de produção envolvidos são relativamente pequenos, e os custos e a renda implicados podem ser facilmente mensurados. Entretanto, a questão é bem diferente quando a escolha recai entre a utilização de um rio para a geração de eletricidade ou a ampliação de uma mina de carvão ou a formulação de quaisquer outros planos para o melhor emprego

---

[7] Aplicando-se esse termo, é claro, apenas no sentido do agente que avalia, e não em um sentido objetivo e universalmente aplicável.

da energia latente no carvão bruto. Neste caso, os processos de produção indiretos são muitos e cada etapa é muito longa; aqui, são diversas as condições necessárias para o sucesso de um empreendimento prestes a ser iniciado, de modo que não se pode incorrer em avaliações vagas, mas se requer estimativas bem mais exatas e algum discernimento a respeito das questões econômicas realmente envolvidas.

Apreciações de valor só podem ocorrer em termos de unidades, contudo, é impossível que venha a existir alguma unidade que meça o valor subjetivo de uso dos bens. A utilidade marginal não postula unidade de valor, já que é óbvio que o valor de duas unidades de um determinado bem é necessariamente maior – mas menos do dobro –, do que o valor de apenas uma unidade. Juízos de valor não mensuram; simplesmente estabelecem graduações e escalas[8]. Mesmo Robinson Crusoé – quando tem de tomar uma decisão em um ambiente em que não se afigura juízo de valor pré-definido, e que o obriga a construir um juízo baseando-se em estimativas pouco exatas – não pode operar utilizando unicamente valores subjetivos de uso, mas precisa levar em consideração a intersubstituibilidade dos bens, com base em que poderá formar suas estimativas. Nessas circunstâncias, será impossível que remeta todas as coisas à uma unidade. De preferência, na medida do possível, remeterá todos os elementos que devem ser levados em conta ao formar suas estimativas aos bens econômicos que podem ser percebidos

---

[8] UHEL, Franz. *Zur Lehre von den Bedürfnissen*. Innsbruck: Wagner'ssche Universität-Buchhandlung, 1907. p. 198s.

por um juízo de valor óbvio – ou seja, aos bens de ordens mais baixas e ao esforço dispendido. É obvio que isso só é possível em condições muito simples. Em caso de processos de produção mais complexos e mais extensos, tal procedimento simplesmente não trará respostas.

Em uma economia de trocas voluntárias, o valor objetivo de troca das mercadorias serve como unidade de cálculo econômico. Isso gera uma vantagem tripla. Em primeiro lugar, torna possível basear o cálculo econômico de acordo com as valorações de todos os participantes da troca. O valor de uso subjetivo que dado bem possui para cada pessoa, sendo um fenômeno puramente individual, não pode ser imediatamente comparável ao valor subjetivo de uso para as outras pessoas. Isso só se torna possível com valores de troca, que surgem da interação das valorações subjetivas de todos os indivíduos que participam das trocas. Nesse caso, adicionalmente, o cálculo baseado nos valores de troca fornece um controle mais apropriado para o emprego dos bens. Quem quer que deseje fazer cálculos relacionados a algum complicado processo de produção imediatamente perceberá se está agindo de maneira mais econômica que os concorrentes ou não; se descobrir, por meio das relações de troca predominantes no mercado, que não será capaz de produzir lucrativamente, demonstra-se que outros compreendem como fazer melhor uso desses bens de ordem mais elevada. Por último, o cálculo pelo valor de troca possibilita referenciar os bens à uma unidade. E para esse propósito, dado que os bens são mutuamente substituíveis segundo as relações de troca obtidas no mercado, qualquer bem existente pode ser escolhido. Em uma economia monetária, o bem escolhido é o dinheiro.

O cálculo monetário tem seus limites. O dinheiro não é um parâmetro de valor, tampouco de preço. Nem o valor, nem o preço são mensurados em dinheiro. Valores e preços simplesmente baseiam-se em dinheiro. O dinheiro, na qualidade de bem econômico não possui valor estável, como ingênua e erroneamente se supõe, ao ser utilizado como "padrão de pagamentos futuros". A relação de troca que há entre o dinheiro e outros bens está sujeita a constantes flutuações, ainda que (de regra) não demasiado violentas, originadas não só pela óptica de outros bens econômicos, mas também do pela óptica do dinheiro. Entretanto, essas flutuações perturbam minimamente os cálculos de valor, uma vez que, por causa das incessantes alterações que ocorrem nas outras variáveis econômicas, esses cálculos referir-se-ão a períodos de tempo comparativamente pequenos – períodos em que uma moeda "forte" sofrerá apenas flutuações relativamente triviais em relação ao poder de troca[9]. A inadequação do cálculo monetário do valor não deriva do fato de o valor ser calculado em termos de um meio universal de troca, a saber, o dinheiro, mas, sim, no fato de que, nesse sistema, o cálculo se baseia no valor de troca e não no valor subjetivo de uso. O cálculo monetário nunca poderá

---

[9] O principal trabalho do autor sobre a teoria monetária é o livro *Theorie des Geldes und der Umlaufsmittel* [*A Teoria da Moeda e dos Meios Fiduciários*], lançado originalmente em alemão no ano de 1912 e disponível, atualmente, em língua inglesa na seguinte edição: MISES, Ludwig von. *Theory of Money and Credit*. Pref. Murray N. Rothbard; intr. Lionel Robbins; trad. Harold E. Batson. Indianapolis: Liberty Fund, 1981. (N. E.)

ser utilizado para calcular o valor daqueles elementos que estão além do domínio das trocas. Se, por exemplo, um homem tivesse de projetar a lucratividade de uma usina hidráulica, não seria capaz de incluir em seus cálculos os danos que tal projeto causaria à beleza das cachoeiras; poderia, no entanto, prestar atenção à diminuição que existiria no fluxo de turistas ou coisas similares, que podem ser valoradas em termos monetários. Essas considerações, contudo, poderiam muito bem ser um dos fatores decisivos a determinar se a construção deverá ser feita ou não.

Convencionou-se denominar tais fatores como "extra-econômicos". Isso talvez seja apropriado; não estamos preocupados com disputas acerca de terminologias. Não obstante, considerações a seu respeito dificilmente podem ser consideradas irracionais. Em qualquer lugar em que o homem considere importante a beleza de um bairro ou de um prédio, a saúde, a felicidade e a satisfação da humanidade, a honra de indivíduos ou de nações, estas motivam a conduta racional, tanto quanto os fatores econômicos, mesmo quando não sejam intercambiáveis entre si no mercado, e não ingressem, portanto, nas relações de troca.

O cálculo monetário não pode abranger esses fatores, por sua própria natureza; mas, para os propósitos de nossa vida econômica diária, isso não reduz a importância do cálculo monetário. Todos esses bens ideais são bens de ordens mais baixas, e podem, portanto, ser incluídos de imediato no âmbito de nossos juízos de valor. Assim, não há qualquer dificuldade em levá-los em conta, ainda que tenham de permanecer fora da esfera dos valores monetários. O fato de não admitirem tal cômputo torna mais fácil – e não mais difícil – considerá-los nos aspectos diários de nossa vida. Uma vez que percebamos com clareza quanto valorizamos a beleza, a saúde e o orgulho, certamente nada pode nos impedirá de lhes dar a devida consideração. Aos espíritos sensíveis, pode parecer doloroso ter de contrapesar os bens espirituais com os materiais. Entretanto, isso não é culpa do cálculo monetário; faz parte da própria natureza das coisas. Mesmo nos casos em que os juízos de valor possam ser estabelecidos diretamente sem qualquer cálculo monetário, a necessidade de optar entre satisfação material ou espiritual não pode ser evitada. Robinson Crusoé e o Estado socialista têm a mesma obrigação de optar.

Um indivíduo com uma noção genuína dos valores morais não tem dificuldade em decidir entre a honra e o sustento. Sabe muito bem qual é sua obrigação. Se um homem não pode honrar o pão, pode ao menos renunciar ao pão em nome da honra. Só aqueles que preferem se livrar da agonia dessa decisão, porque não conseguem renunciar ao conforto material em nome da vantagem espiritual, veem na escolha uma profanação dos valores verdadeiros.

O cálculo monetário tem sentido apenas dentro da esfera da organização econômica. Trata-se de um sistema pelo qual as regras da economia podem ser aplicadas para o arranjo e a alocação dos bens econômicos. Os bens econômicos participam desse sistema apenas em proporção ao grau em que podem ser trocados por dinheiro. Qualquer ampliação da esfera do cálculo monetário provocará equívocos. O cálculo monetário não pode ser considerado um padrão de medida para a apreciação de valor dos bens, e não pode ser tratado em pesquisas históricas sobre a evolução das relações sociais; não pode ser utilizado como um critério para a riqueza e a renda nacional, tampouco, como um meio de mensurar o valor dos bens que estão fora da esfera dos intercâmbios. Afinal, quem seria capaz de estimar o grau de perdas humanas, em termos monetários, ocorridas por emigrações ou guerras[10]? Isso é uma mera tolice diletante, muito embora possa ter sido induzida por economistas normalmente inteligentes.

Mesmo assim, dentro desses limites, que na vida econômica nunca são excedidos, o cálculo monetário preenche todos os requisitos do cálculo econômico. É um guia em meio à plenitude opressiva das potencialidades econômicas. Permite-nos estender o juízo de valor a todos os bens de ordem mais alta, que está estreitamente ligado e manifestamente evidente no caso dos bens prontos para o consumo final, ou na melhor das hipóteses, no caso dos bens de produção de ordem mais baixa. O cálculo faz com que os valores dos bens de ordens mais altas possam ser computados, e, assim, oferece as bases primeiras para todas as operações econômicas. Sem isso, toda produção que envolvesse processos retroagindo no tempo, bem como todos os processos longos e indiretos da produção capitalista, seriam como tatear no escuro.

Há duas condições que determinam a possibilidade do cálculo do valor em termos monetários. Primeiramente, não só os bens de ordem mais baixa, mas também os de ordem mais elevada devem enquadrar-se no âmbito dos intercâmbios. Não

---

[10] WIESER, Friedrich von. *Über den Ursprung und die Hauptgesetze des wirtschaftlichen Eertes*. Viena: A. Hölder, 1884. p. 185s.

fosse assim, não surgiriam relações de troca. É bem verdade que as considerações que obtivemos no caso em que Robinson Crusoé troca, por meio da produção, em seu lar, trabalho e farinha por pão são indistinguíveis das que predominam quando ele troca pão por roupas no mercado aberto. Portanto, até certo ponto é correto dizer que toda ação econômica, até mesmo a própria produção de Robinson Crusoé, pode ser denominada *troca*[11]. Ademais, a mente de um homem só, por mais brilhante que seja, é incapaz de compreender a importância de um bem específico entre os inúmeros bens de ordem mais elevada. Homem algum pode dominar todas as possibilidades de produção, inúmeras que são, de modo a estar em posição de fazer juízos de valor imediatamente evidentes, sem a ajuda de algum sistema de computação. A distribuição dos controles administrativos dos bens econômicos de uma comunidade de homens, que participam da tarefa de produzi-los e que têm neles interesse econômico requer uma espécie de divisão intelectual do trabalho, que não seria possível sem algum sistema de cálculo da produção e sem economia.

A segunda condição é que existe, de fato, um meio de troca universalmente empregado – a saber, o dinheiro – que também exerce o mesmo papel como meio de troca de bens de produção. Se não fosse este o caso, não seria possível reduzir todas as relações de troca a um denominador comum.

---

[11] MISES, Ludwig von. *Theorie des Geldes und der Umlaufsmittel*. Munich / Leipzig: Duncker & Humblot, 1912. p. 16. Ver as referências fornecidas. [Na já mencionada tradução em língua inglesa, ver: MISES. *Theory of Money and Credit*. Op. cit., p. 52. (N. E.)]

Somente sob condições simples a economia pode dispensar o cálculo monetário. Dentro dos limites estreitos de uma economia doméstica, por exemplo, em que o pai pode supervisionar toda a gerência econômica, é possível determinar a importância de mudanças no processo de produção, sem tais auxílios mentais com razoável precisão. Nesse caso, o processo se desenvolve sob um uso relativamente limitado de capital. Pouco se nota dos processos indiretos de produção capitalistas são fabricados, via de regra, bens de consumo, ou, no máximo, bens de uma ordem mais elevada muito próximos aos bens de consumo. A divisão do trabalho está nos estágios rudimentares: um único trabalhador controla integralmente a tarefa daquilo que é, na realidade, um processo de produção de bens prontos para o consumo. Isso é diferente, entretanto, nas produções comunais desenvolvidas. As experiências de um período remoto e antigo de produção simples não oferecem argumento algum para a possibilidade de um sistema econômico sem cálculo monetário.

Nos limites estreitos de uma economia doméstica fechada, é possível analisar completamente o processo de produção do início ao fim, e julgar durante todo o tempo qual procedimento produzirá mais bens de consumo. Isso, entretanto, deixa de ser possível nas circunstâncias incomparavelmente mais intrincadas de nossa economia social. Assim, será evidente, mesmo na sociedade socialista, que 1.000 litros de vinho são preferíveis a 800; e não é difícil decidir se são mais desejáveis 1.000 litros de vinho ou 500 de azeite. Não é necessário sistema algum de cálculo: o elemento determinante é a vontade dos agentes econômicos envolvidos.

Entretanto, uma vez que a decisão tenha sido tomada, a verdadeira tarefa da orientação econômica racional apenas começa – isto é, como alocar economicamente os meios a serviço dos fins. Isso só pode ser feito com algum tipo de cálculo econômico. A mente humana não é capaz de orientar a si própria adequadamente em meio a atordoante massa de produtos intermediários e potencialidades de produção sem tal ajuda. Simplesmente ficaria perplexa ante os problemas de gerenciamento e ambientação[12].

É uma ilusão imaginar que, em um Estado socialista, o cálculo *in natura* possa substituir o cálculo monetário. O cálculo *in natura*, em uma economia sem trocas, abrange somente os bens de consumo; falha por completo quando lida com bens de ordem mais elevada. E tão logo abandonemos a ideia de preços monetários livremente estabelecidos para os bens de ordem mais elevada, a produção racional se torna totalmente impossível. Qualquer medida que nos afaste da propriedade privada dos meios de produção e do uso do dinheiro, nos afasta também da racionalidade econômica.

É fácil negligenciar este fato ao considerar que o socialismo evidente entre nós constitui apenas um oásis de socialismo em meio a uma sociedade com trocas monetárias, que ainda é uma sociedade livre, até certo ponto. Em um sentido, podemos concordar com a afirmação dos socialistas, que, em outros contextos, é totalmente insustentável e defendida apenas por motivos demagógicos – de que a

---

[12] GOTTL-OTTLILIENFELD, Friedrich von. "Grundriss der sozialökonomik". In: *Wirtschaft und technik*. Tübingen: J. C. B. Mohr, 1914. Seção II, p. 216.

nacionalização e municipalização de empresas não representa de fato o socialismo, uma vez que essas empresas são tão dependentes do sistema econômico e do livre comércio que as cercam, que não se poderia dizer que participam, hoje, da verdadeira natureza essencial de uma economia socialista. Em empresas estatais e municipais são introduzidas melhorias técnicas por conta do efeito notado em empresas privadas similares, domésticas ou estrangeiras, e também porque as indústrias privadas produtoras dos materiais para tais melhorias estimulam sua introdução. Nessas empresas, as vantagens da reorganização podem ser instituídas porque operam dentro da esfera de uma sociedade com base na propriedade privada dos meios de produção e no sistema monetário de trocas, o que as torna capazes de calcular e de contabilizar. Essa situação, entretanto, não ocorre no caso de empreendimentos socialistas operando em um ambiente puramente socialista.

Sem o cálculo econômico não pode existir economia. Por isso, em um Estado socialista, em que a busca do cálculo econômico é impossível, não pode existir – no sentido que damos ao termo – economia em hipótese alguma. Em questões triviais e secundárias, a conduta racional ainda pode ser possível, mas em geral, é impossível falar mais de produção racional. Não há meios de determinar o que é racional; e, consequentemente, é óbvio que a produção jamais pode ser guiada por considerações econômicas. O significado disso é bastante claro, independente dos efeitos sobre a oferta de mercadorias. A conduta racional fica completamente divorciada do seu âmbito apropriado. Existe em tal sistema "conduta racional", ou mesmo racionalidade e lógica no próprio pensar? Historicamente, a racionalidade humana é uma evolução gradual da vida econômica. Poderia aquela ser obtida ao se divorciar desta? Por algum tempo, a recordação das experiências adquiridas na economia competitiva, durante milhares de anos, pode coibir o colapso total da arte da economia. Os antigos métodos de procedimento podem ser mantidos, não por causa de sua racionalidade, mas porque aparentam estar consagrados pela tradição. Na verdade, nesse ínterim se tornam irracionais, pois não mais comportam as novas condições. Finalmente, por meio da reconstrução generalizada do pensamento econômico, experimentam alterações que os tornam, de fato, antieconômicos. A oferta de bens não mais prossegue de modo anárquico por iniciativa própria, isso é verdade. Todas as transações que têm como propósito satisfazer necessidades mútuas estarão sujeitas ao controle de uma autoridade suprema. Em lugar da economia do método "anárquico" de produção, recorrer-se-á à produção irracional de um aparato absurdo. As engrenagens girariam, mas sem efeito algum.

Podemos antever a natureza da futura sociedade socialista. Haverá centenas de milhares de fábricas em operação. Poucas produzirão bens prontos para o uso; na maioria dos casos, serão fabricados bens inacabados e bens de produção. Todas essas empresas serão inter-relacionadas. Cada bem passará por uma série de estágios de produção antes de estar pronto para uso. Nesse ininterrupto, monótono e repetitivo processo, contudo, a administração estará sem meios de avaliar a eficácia de sua produção. Nunca poderá determinar se dado bem ficou ou não por tempo desnecessariamente longo na linha de produção, ou se houve desperdício de trabalho e materiais durante a fabricação. Como a administração poderá determinar qual dos inúmeros métodos de produção é o mais lucrativo? Na melhor das hipóteses, poderá comparar a qualidade e a quantidade do produto final produzido, mas, somente em casos extremamente raros estarão em posição de comparar as despesas ocasionadas pela produção. A administração saberá, ou imaginará que sabe, os fins a ser alcançados pela organização econômica, e terá de regular adequadamente suas atividades – isto é, terá de atingir esses fins com o menor gasto possível. Terá de fazer os cálculos com o objetivo de encontrar o método mais barato. Esse cálculo terá, obviamente, de ser baseado em valores numéricos. É claro, nem requer prova adicional, que tal cálculo não tem como ser técnico, tampouco pode se basear no valor objetivo de uso dos bens e serviços.

Por outro lado, no sistema econômico de propriedade privada dos meios de produção, o sistema de cálculo com base em valores monetários é necessariamente empregado por cada membro independente da sociedade. Todos participam do seu surgimento por uma via de mão dupla: por um lado, como consumidor e, por outro, como produtor. Como consumidor, o indivíduo institui uma escala de valoração para os bens prontos para o consumo. Como produtor, arranja os bens de ordem mais alta de modo a obter o maior retorno possível. Dessa maneira, os bens de ordem mais elevada adquirem posições respectivas na escala de valorações em conformidade com o estado atual das condições de produção e com as necessidades sociais. A interação desses dois processos de valoração fornecerá os meios capazes de gerir tanto o consumo como a produção pelo método econômico. Todo sistema graduado de precificação deriva do fato de os homens sempre conciliarem suas próprias exigências com suas estimativas acerca dos fatos econômicos.

Tudo isso está necessariamente ausente em um Estado socialista. A administração do empreendimento pode até saber exatamente quais bens são necessários com maior urgência. Neste caso, entretanto, descobriu apenas um dos dois pré-requisitos para o cálculo econômico. E, pela natureza do socialismo, a administração terá de renunciar ao outro pré-requisito – a valoração dos meios de produção. Pode chegar a estabelecer o valor da totalidade dos meios de produção; este valor é obviamente idêntico ao valor dado a todas as necessidades satisfeitas desse modo. Também poderá calcular o valor de um determinado meio de produção estimando quais serão as consequências de sua retirada para a satisfação das necessidades. Todavia, a administração não poderá transformar esse valor à expressão uniforme de um preço monetário, como ocorre em uma economia competitiva, em que todos os preços podem ser referidos à expressão comum em termos de dinheiro. Uma sociedade socialista, embora não precise abolir o dinheiro, se vê impossibilitada de utilizá-lo para expressar os preços dos fatores de produção (incluindo a mão-de-obra). O dinheiro não exerce papel algum no cálculo econômico[13].

---

[13] Esse fato também é reconhecido por Otto Neurath (1882-1945), ver: NEURATH, Otto. *Durch die Kriegswirtschaft zur Naturalwirtschaft*. Munich: G. D.

Imagine a construção de uma nova ferrovia. Será que ela deve ser construída e, em caso positivo, qual, dentre inúmeras estradas concebíveis, deve ser construída? Em uma economia monetária e competitiva, essas dúvidas seriam resolvidas pelo cálculo monetário. A nova ferrovia barateará o transporte de alguns bens e é possível calcular se tal redução de custos de transporte supera os custos envolvidos na construção e manutenção de outra ferrovia. Tudo isso só pode ser calculado em termos monetários. Não é possível chegar a alguma conclusão simplesmente contrabalanceando os gastos e poupança em termos físicos. Quando não é possível expressar ferro, carvão, horas de trabalho, materiais de construção, máquinas e outras coisas necessárias para a construção e manutenção da ferrovia em termos de uma unidade comum, não é possível fazer cálculos. A contabilização de despesas, em termos econômicos, somente é possível quando os bens e serviços envolvidos podem ser aludidos em termos monetários. É fato que o cálculo monetário tem inconveniências e sérios defeitos, mas certamente não temos nada melhor substituí-lo; e, para os propósitos práticos da vida, o cálculo monetário como o conhecemos em um sistema monetário sólido, sempre basta. Se o descartássemos, qualquer sistema econômico baseado no cálculo tornar-se-ia absolutamente impossível!

W. Callwey, 1919. p. 216s. Este economista defende a ideia de que toda economia completamente administrativa é, em última instância, uma economia natural. *"A socialização"*, diz ele, *"é, portanto, a busca pela economia natural"*. Neurath meramente ignora as insuperáveis dificuldades inerentes ao cálculo econômico em uma sociedade socialista.

A sociedade socialista saberia como proceder. Emitiria um decreto a favor ou contra a obra projetada. Entretanto, essa decisão, na melhor das hipóteses, dependeria de estimativas vagas; ela jamais estaria fundamentada em um cálculo exato de valor.

O estado estático pode dispensar o cálculo econômico. Nele, os acontecimentos da vida econômica são sempre recorrentes; e se supusermos que o primeiro arranjo de uma economia socialista estática será baseado no estado final da economia competitiva, podemos conceber – de um ponto de vista econômico – um sistema de produção socialista racionalmente controlado. No entanto, isso é possível apenas conceitualmente. Por ora, deixemos de lado o fato de que um estado estático é impossível na vida real, uma vez que os dados econômicos estão em constante mudança; de modo que a natureza estática da atividade econômica é apenas uma suposição teórica que não corresponde a situação real, por mais necessária que seja para nosso raciocínio e para o aperfeiçoamento de nosso conhecimento econômico. Ainda assim, é correto supor que a transição para o socialismo altera – como consequência do nivelamento das diferenças de renda e dos reajustes no consumo, e, consequentemente, da produção – todos os dados econômicos de tal modo que um elo com o estado final em que se encontrava a economia competitiva anteriormente é algo impossível. Assim, teremos o espetáculo de uma ordem econômica socialista debatendo-se em meio a um vasto oceano de combinações econômicas possíveis e concebíveis sem a bússola do cálculo econômico.

Portanto, em um Estado socialista, cada mudança econômica se torna uma tarefa cujo sucesso não pode nem ser estimado antecipadamente e nem ser determinado retroativamente. Há apenas apalpadelas às cegas. O socialismo é a abolição da racionalidade econômica[14].

---

[14] A lógica econômica do sistema de livre mercado é discutida pelo autor de modo amplo em seus mais variados aspectos ao longo dos capítulos 14 a 24, que compõem a Parte IV ("Cataláxia ou Economia de Mercado") do tratado *Ação Humana*. Ver: MISES. *Ação Humana. Op. cit.*, p. 285-781. (N. E.)

CAPÍTULO 3

Estamos realmente enfrentando as inevitáveis consequências da propriedade comunal dos meios de produção? Não haverá mesmo um meio de se efetuar o cálculo econômico em um sistema socialista?

Em todas as grandes empresas, cada unidade de negócios possui, de certa maneira, uma independência em sua contabilidade. É capaz de calcular e comparar os custos da mão-de-obra com os custos dos materiais, e sempre é possível a cada unidade individual e compilar os resultados econômicos de suas atividades sob o ponto de vista contábil. Podemos assim apurar o sucesso que cada unidade em particular obteve, bem como tirar conclusões quanto à necessidade de reorganizações, cortes de despesas, abolição ou expansão de unidades existentes, ou até mesmo a criação de novas unidades. É notório que alguns erros

O Cálculo Econômico na Comunidade Socialista

são inevitáveis em tais cálculos. Surgem parcialmente em decorrência das dificuldades de se alocar as despesas gerais. Já outros erros surgem da necessidade de se calcular dados que, sob vários pontos de vista, não são rigorosamente determináveis – por exemplo, quando, ao avaliarmos a lucratividade de um determinado método de produção, calculamos a depreciação das máquinas com base em uma determinada durabilidade de uso. Ainda assim, todos esses erros podem ser confinados a limites estreitos, de modo a não atrapalharem o resultado líquido do cálculo. O restar incerto entra no cálculo da incerteza das condições futuras, que é uma companheira inevitável da natureza dinâmica da vida econômica[15].

---

[15] A discussão acerca do cálculo econômico é aprofundada nos capítulos 11 a 13, que compõem a Parte III ("Cálculo Econômico") do tratado *Ação Humana*. Ver: MISES. *Ação Humana. Op. cit.*, p. 249-83. (N. E.)

Parece tentador querer traçar, por analogia, estimativas apartadas de cada unidade de produção no Estado socialista. No entanto, isso é deveras impossível. Pois o cálculo econômico de cada unidade precisa se basear em preços formados em transações de mercado para aferir as matérias-primas e a mão-de-obra empregadas. Se inexiste livre mercado, inexiste mecanismo de preços; e sem um mecanismo de preços, inexiste cálculo econômico.

Podemos imaginar uma situação em que sejam permitidas transações entre determinados ramos de negócios a fim de obter o mecanismo que determina as relações de troca (preços) e, com isso, criar uma base para o cálculo econômico, mesmo na comunidade socialista. Em um esquema de economia uniforme, que não conhece a propriedade privada dos meios de produção, grupos de trabalho individuais são independentes e devem obedecer às diretivas do supremo conselho econômico, entretanto, partilham entre si outros bens materiais e serviços contra pagamento, feito por um meio de troca comum. Grosso modo, é assim que concebemos a gestão socialista dos negócios quando, hoje, falamos da completa socialização da economia. Entretanto, ainda não chegamos ao ponto crucial. Relações de troca entre bens de produção somente podem ser estabelecidas com base na propriedade privada dos meios de produção. Quando o "sindicato dos carvoeiros" fornece carvão ao "sindicato dos metalúrgicos", não se forma preço algum, exceto quando ambos os sindicatos são os donos dos meios de produção empregados nos seus respectivos negócios. Isso não seria socialização, mas, sim, capitalismo trabalhista e sindicalismo.

A questão é, de fato, muito simples para aqueles teóricos socialistas que se fundamentam na teoria do valor-trabalho. Segundo Friedrich Engels (1820-1895),

> Tão logo a sociedade se aposse dos meios de produção e os utilize na forma diretamente socializada, o trabalho de cada indivíduo, por diferente que seja em sua utilidade específica, torna-se *a priori* e diretamente trabalho social. A quantidade de trabalho social investida em um produto não precisará, então, ser estabelecida indiretamente; a experiência diária imediatamente nos diz quanto é necessário, em média. A sociedade poderá simplesmente calcular quantas horas de trabalho são empregadas em uma máquina a vapor, em um trimestre da última colheita trigo, e em 100 jardas de linho de uma dada qualidade (...). Certamente, a sociedade terá de saber o trabalho necessário para produzir determinado bem de consumo. Terá de organizar seu plano de produção de acordo com a disponibilidade dos meios de produção – e, é claro, a força de trabalho cai nessa categoria. A utilidade produzida pelos vários bens de consumo, ponderadas entre si e em relação à quantidade de trabalho requerida para produzi-las, em última instância determinarão o plano. O povo simplificará tudo, sem a mediação do famigerado "valor".[16]

---

[16] ENGELS, Friedrich. *Herrn Eugen Dührings Umwälzung der Wissenschaft*. Leipzig: Vorwärts, 1878. p. 335s. [Passagem traduzida a partir da seguinte edição em inglês: ENGELS, Friedrich. *Herr Eugen Dühring's Revolution in Science (Anti-Dühring)*. Trad. Emile Burns. London: Lawrence & Wishart, 1943. (N. E.)].

Não é nossa tarefa aqui reafirmar, mais uma vez, as objeções críticas à teoria do valor-trabalho. Na presente análise, interessam apenas na medida em que nos permitem avaliar a aplicabilidade do trabalho nos cálculos de valor em uma comunidade socialista.

À primeira vista, o cálculo em termos do trabalho também leva em consideração os recursos naturais não humanos, utilizados na produção. A lei dos retornos decrescentes já é levada em conta no conceito de média de tempo de trabalho socialmente necessário[17], visto que seu funcionamento se deve à variedade de condições naturais de produção. Se a demanda por uma mercadoria aumentar e devam ser explorados recursos naturais piores, então o tempo médio do trabalho socialmente necessário para a produção de uma unidade também aumentará. Se recursos naturais mais favoráveis forem descobertos, a quantidade de trabalho socialmente necessário diminuirá[18]. A ponderação acerca das condições naturais de produção só satisfaz na medida em que esteja refletida na quantidade de trabalho socialmente necessário. Entretanto, é nesse particular que falha a valoração em termos de trabalho. Deixa fora do cômputo o emprego dos fatores materiais da produção. Suponhamos que o tempo de trabalho socialmente necessário para a produção de duas mercadorias, P e Q, seja de 10 horas cada. Além disso, além do trabalho,

---

[17] O conceito de "média de tempo de trabalho socialmente necessário" é apresentado por Karl Marx na seção 2, do capítulo 1, no primeiro volume de *O Capital*. (N. E.)

[18] MARX, Karl. *Capital*. Trad. Eden Paul e Cedar Paul. Londres: Allen & Unwin, 1928. p. 9.

tanto P quanto Q exigem o uso da matéria-prima A, cuja produção exige uma hora de trabalho socialmente necessário; suponhamos também que 2 unidades de A e 8 horas de trabalho são utilizadas na produção da P, e uma unidade de A e 9 horas de trabalho são utilizadas na produção de Q. Em termos de trabalho, P e Q são equivalentes, mas em termos de valor, P é mais valioso do que Q. A equivalência anterior é falsa e só o reconhecimento de que P é mais valioso que Q corresponde à essência e ao propósito do cálculo econômico. É verdade que esse excedente – pelo qual, segundo o cálculo de valor, P é mais valioso do que Q – esse substrato material *"é fornecido pela natureza sem qualquer adição humana"*[19]. Ainda assim, o fato de só estar presente em quantidades tais que o torna um objeto a ser economizado, tem de ser levado em conta, de uma maneira ou de outra, no cálculo do valor.

O segundo defeito do cálculo em termos de trabalho é ignorar as diferentes qualidades do trabalho. Para Karl Marx (1818-1883), todo trabalho humano é economicamente do mesmo tipo, pois é sempre *"o dispêndio produtivo do cérebro, dos músculos, dos nervos e das mãos humanas"*.

> O trabalho qualificado nada mais é que um trabalho simples intensificado, ou multiplicado, de modo que uma quantidade pequena de trabalho qualificado é igual a uma quantidade maior de trabalho simples. A experiência mostra que o trabalho qualificado sempre poderá ser traduzido em termos de trabalho simples. Não importa se uma mercadoria é produto do

[19] Idem. *Ibidem.*, p. 12.

trabalho da mais alta capacitação, seu valor sempre poderá ser equiparado com o valor do produto de um trabalho simples, de modo que represente apenas uma quantidade determinada de trabalho simples[20].

Eugen von Böhm-Bawerk (1851-1914) não está muito errado quando diz que esse argumento é *"um malabarismo teórico de ingenuidade espantosa"*[21]. Para julgarmos a visão de Marx não precisamos nos perguntar se é possível encontrar uma mensuração fisiológica única para todo o trabalho humano, físico ou "mental". Pois é certo que há entre os homens graus variáveis de capacidade e destreza, o que faz com que os produtos do trabalho e serviços tenham qualidades variáveis. Para decidir se o cômputo em termos de trabalho é ou não aplicável, devemos averiguar se é possível expressar diferentes tipos de trabalho em termos de um mesmo denominador comum sem a mediação valorativa dos produtos pelo sujeito econômico. A prova apresentada por Marx não logra êxito. A experiência, na verdade, mostra que os bens consumidos se baseiam em relações de troca que não levam em conta se foram produzidos por trabalho simples ou complexo. No entanto, só poderíamos provar que determinadas quantidades de trabalho simples podem ser diretamente equiparadas a determinadas quantidades de trabalho complexo, caso ficasse demonstrado que o trabalho é

---

[20] Idem. *Ibidem.*, p. 13s.
[21] BÖHM-BAWERK, Eugen von. *Capital and Interest.* Trad. William Smart. London / New York: Macmillan, 1890. p. 384.

a raiz do valor de troca. Isso não é demonstrado, mas é o que Marx tenta por meio desses mesmos argumentos.

Tanto isso não é prova da homogeneidade que taxas de substituição entre trabalho simples e complexo se manifestam nas variações salariais em uma economia de troca — um fato a que Marx não alude nesse contexto. Esse processo de equalização é resultado das transações de mercado e não seu antecedente. O cálculo em termos do trabalho teria de estabelecer uma proporção arbitrária para a substituição do trabalho simples pelo complexo, o que excluiria seu emprego para propósitos de administração econômica.

Há muito se supunha que a teoria do valor-trabalho fosse indispensável ao socialismo, de modo que a exigência de socialização dos meios de produção tivesse nela um fundamento ético. Hoje sabemos o erro que isso representa. Embora a maioria dos defensores do socialismo tenha empregado essa concepção errônea — até mesmo de Marx, que embora tenha adotado fundamentalmente outro ponto de vista, não estava de todo livre dela — está claro que o clamor político para a implantação da produção socializada, por um lado, não necessita e nem pode se fundamentar na teoria do valor-trabalho e, por outro lado, que as pessoas que têm ideias diferentes quanto à natureza e origem do valor econômico podem ser socialistas segundo seus sentimentos. Entretanto, para os defensores do modo socialista de produção, a teoria do valor-trabalho é necessária em um sentido diferente do normalmente pretendido. Em suma, a produção parecer racionalmente realizável se lhe for dada uma unidade de valor objetivamente reconhecível, que permita o cálculo econômico numa economia em que nem dinheiro e nem trocas estejam presentes. E apenas o trabalho pode, de maneira concebível, ser considerado como tal.

CAPÍTULO 4

problema da responsabilidade e da iniciativa nas empresas socialistas está estritamente ligado ao problema do cálculo econômico. É fato universalmente aceito que a exclusão da livre iniciativa e da responsabilidade individual, das quais depende o sucesso das empresas privadas, constitui a mais séria ameaça à organização econômica socialista[22].

Grande parte dos socialistas silenciosamente ignora esse problema. Outros creem que o refutam fazendo alusão aos membros do conselho de administração das empresas. Embora não sejam os proprietários dos meios de produção, alegam, as empresas sob seu comando prosperam. Se

---

[22] Ver: SOZIALISIERUNGSKOMMISSION. *Vorläufiger Bericht der Sozialisierungskommission über die Frage dere Sozialisierung des kohlenbergbaues*. Berlin: Decker, 1919. p. 13.

Responsabilidade e Iniciativa em Empresas Comunais

a sociedade, em vez de os acionistas da empresa, se tornar a proprietária dos meios de produção, nada terá se alterado. Os membros do conselho de administração não trabalhariam de maneira menos satisfatória para a sociedade do que para os acionistas.

Devemos distinguir dois tipos de organizações societárias. No primeiro tipo, que consiste em grande parte de pequenas empresas, uns poucos indivíduos se unem em um empreendimento comum que assume a forma jurídica de uma empresa. Normalmente, são herdeiros dos fundadores da empresa, ou são antigos concorrentes que decidiram se fundir. Aqui, o controle e a administração da empresa estão nas mãos dos próprios acionistas ou de pelo menos alguns dos acionistas, que comandam a empresa de acordo com os próprios interesses; ou nas mãos de acionistas intimamente relacionados, como esposas, filhos etc. Os membros do conselho, seja na qualidade de conselheiros, membros do comitê executivo, ou representantes legais, exercem influência decisiva na condução dos negócios. Tal arranjo não é alterado, caso parte do capital social esteja nas mãos de um consórcio financeiro ou de um banco. Neste caso, com efeito, a empresa só se diferencia de uma empresa comercial de capital aberto na forma jurídica.

A situação é bastante diferente no caso de grandes empresas nas quais apenas uma fatia dos acionistas, isto é, os grandes acionistas, participa do controle efetivo da empresa. Estes normalmente têm tanto interesse na prosperidade da empresa quanto qualquer proprietário. Ainda assim, é perfeitamente possível que seus interesses sejam diferentes daqueles da vasta maioria dos pequenos acionistas, que são excluídos da administração, mesmo possuindo a maior fatia do capital social. Vários conflitos de interesse podem ocorrer entre acionistas e diretores, principalmente quando os negócios da empresa são geridos em prol dos últimos, de modo que os acionistas saiam prejudicados. Seja como for, está claro que os verdadeiros detentores do poder nas empresas gerem os negócios de acordo com os próprios interesses, independentemente de se tais interesses coincidem com os dos acionistas ou não. No longo prazo, em geral, será do interesse do administrador sério, que deseja uma carreira sólida e que não está simplesmente empenhado em obter um lucro passageiro, representar devidamente os interesses dos acionistas em todas as situações e evitar manipulações que possam trazer-lhes prejuízos. Isso também é válido em bancos e grupos financeiros, que não devem abusar do público com a confiança que dispõem. Assim, o sucesso de uma empresa não depende apenas da prescrição de motivos éticos.

A situação se altera por completo quando uma empresa é estatizada. A motivação desaparece com a exclusão dos interesses materiais dos empreendedores privados; e se de algum modo as empresas estatais e municipalizadas prosperarem, isso se deve ao fato de terem se apropriado dos gestores das empresas privadas, ou ao fato de serem continuamente forçadas por empresários de quem compram instrumentos de produção e matéria-prima a adotar reformas e inovações.

Dado que estamos em uma posição que nos permite pesquisar décadas de empreendimentos estatais e socialistas, hoje em dia é amplamente reconhecido que nas empresas socialistas não há pressão interna para corrigir e aprimorar a produção; que não são capazes de se ajustar às constantes alterações na demanda; e que, em suma, são um membro atrofiado no organismo econômico. Todas as tentativas de dar-lhes vida têm sido em vão. Supunha-se que uma reforma no sistema de remuneração poderia alcançar o objetivo desejado. Se os administradores dessas empresas estivessem interessados nos rendimentos, acreditava-se que estariam em posição similar àquela do administrador de grandes empresas. Esse é um erro fatal. Os administradores de grandes empresas estão alinhados aos interesses das empresas que administram de uma maneira totalmente diferente da que impera no caso das empresas estatais. São proprietários de uma considerável fatia das ações da empresa, ou ao menos, esperam se tornar no devido tempo. Ademais, podem obter lucros por meio de especulação das ações da empresa. Têm a perspectiva de legar suas ações, ou ao menos garantir parte de sua influência, para seus herdeiros. O tipo de administrador responsável pelo sucesso de sociedades não se assemelha em nada ao de um complacente funcionário público, tanto em mentalidade quanto em experiência; ao contrário, é exatamente o tipo de gestor profissional, empreendedor e homem de negócios que pensa como acionista, que é interessado no bem da empresa, que toda a estatização tem o propósito de eliminar.

Em geral, não é legítimo, em um contexto socialista, recorrer a esses argumentos para garantir o sucesso de uma ordem econômica construída sobre fundamentos socialistas. Todos os sistemas socialistas, até mesmo o de Karl Marx e de seus seguidores ortodoxos, partem da suposição de que, em uma sociedade socialista, um conflito entre os interesses do indivíduo e do coletivo jamais poderá surgir. Todos agirão com interesse em dar o seu melhor porque participa do produto de toda a atividade econômica. A objeção óbvia de que o indivíduo está pouquíssimo preocupado em ser diligente e entusiástico, e que é da maior importância para ele que outros o sejam, é completamente ignorada ou insuficientemente abordada. Acreditam que podem construir uma economia socialista tendo por base apenas o Imperativo Categórico. A intenção frívola em assim proceder foi bem explicitada por Karl Kautsky (1854-1938) quando diz, *"como o socialismo é uma necessidade social, então é a natureza humana, e não o socialismo, que deve se reajustar, caso venham a colidir"*[23]. Isso é pura utopia.

---

[23] KAUTSKY, Karl. "Vorrede zu Atlanticus". In: *Produktion und Konsum im Sozialstaat*. Stuttgart: J. H. W. Dietz, 1898. p. 14.

Entretanto, mesmo se por um momento admitirmos que tais expectativas utópicas possam se materializar, que cada indivíduo em uma sociedade socialista empenhar-se-á com o mesmo fervor com que se empenha na sociedade atual em que está sujeito à pressão da livre concorrência, ainda há o problema de se mensurar o resultado da atividade econômica em uma comunidade socialista que não permite cálculo econômico algum. Não se pode economizar se não estivermos na posição de saber como economizar.

Uma frase popular afirma que, se pensarmos de maneira menos burocrática e mais comercial, as empresas comunais funcionarão tão bem quanto empresas privadas. Os principais cargos devem ser ocupados por comerciantes, e, então, os lucros crescerão depressa. Infelizmente, a "mentalidade comercial" não é algo externo que pode ser arbitrariamente transferido. As qualidades de um comerciante não são características que dependem de aptidões inatas, nem são adquiridas por estudos em uma faculdade de comércio ou pela experiência de trabalho em um estabelecimento comercial, ou mesmo pelo comerciante já ter sido um homem de negócios durante algum tempo. A postura e a vivacidade comercial de um empreendedor resultam de sua posição no processo econômico, e são perdidas com o desaparecimento deste. Quando um homem de negócios bem-sucedido é nomeado gestor de uma empresa estatal, ainda traz consigo alguma experiência da atividade anterior e, com isso, é capaz de utilizá-la proveitosamente por algum tempo. No entanto, com a entrada na atividade estatal, deixa de ser um comerciante e se torna um burocrata como qualquer outro funcionário público. Não é o conhecimento de regras de contabilidade, de organização empresarial, do estilo de comunicação comercial, ou mesmo um diploma de uma escola superior de negócios que tornam um indivíduo um comerciante, mas sim sua posição típica no processo de produção, que permite a identificação dos seus interesses bem como os da empresa. O pensador marxista e líder do Partido Social-Democrata Austríaco, Otto Bauer (1881-1938) não está apresentando solução quando propõe, em sua obra mais recente, que os diretores do Banco Central Nacional, para os quais será concedido o comando do processo econômico, sejam nomeados por um conselho consultivo, do qual também participariam representantes dos professores das escolas de comércio do ensino médio[24]. Assim como os filósofos de Platão (427-347 a.C.), os diretores nomeados podem até ser os mais brilhantes e sábios de sua categoria, mas não se portarão como comerciantes ao ocupar cargos de comando de uma sociedade socialista, ainda que já tenham sido comerciantes no passado.

É acusação geral que falta iniciativa à administração de empresas estatais. Acreditam que isso pode ser remediado por mudanças na organização. Trata-se de outro erro atroz. A administração de uma empresa socialista não pode ser totalmente colocada nas mãos de um único indivíduo, porque sempre há a suspeita de que tolerará erros que inflijam danos à comunidade. Se, no entanto, as decisões importantes dependerem de votos de comitês ou do consentimento das respectivas repartições do governo, então estão sendo

---

[24] BAUER, Otto. *Der Weg zum Sozialismus*. Vienna: Ignaz Brand, 1919. p. 25.

impostas limitações na iniciativa de tal indivíduo. Raramente os comitês são propensos a introduzir inovações ousadas. A ausência de livre iniciativa nas empresas estatais não reside na falta de organização, mas é inerente à natureza do próprio negócio[25]. Não é tolerado o controle dos fatores de produção por um empregado, por mais alta que seja sua posição; e isso se torna menos possível ainda quanto mais estiver materialmente interessado no desempenho bem-sucedido de suas atribuições. Pois, na prática, o administrador não-proprietário poderá no máximo ser responsabilizado moralmente pelas perdas geradas. Portanto, no socialismo, prejuízos éticos são a contrapartida a oportunidades de ganhos materiais. O dono da propriedade, por outro lado, arcará ele mesmo com as consequências, pois sofrerá no bolso a perda advinda de negócios mal geridos. Aí está precisamente a diferença principal entre os modos de produção liberal e socialista.

---

[25] Uma das melhores análises do economista austríaco sobre as diferenças entre a gestão burocrática e a gestão empresarial, bem como outros aspectos da burocracia, são expostas na seguinte obra: MISES, Ludwig von. *Burocracia*. Ed. e pref. Bettina Bien Greaves; apres. Jacques Rueff; pref. Alex Catharino; posf. William P. Anderson; trad. Heloísa Gonçalves Barbosa. São Paulo: LVM, 2017. (N. E.)

CAPÍTULO 5

Desde que os recentes eventos ajudaram os partidos socialistas a chegar ao poder na Rússia, na Hungria, na Alemanha e na Áustria, e consequentemente fizeram com que a implementação de um programa socialista de estatização se tornasse uma questão atual[26], escritores marxistas começaram a abordar com mais detalhes os problemas da regulação da comunidade socialista. No entanto, mesmo hoje ainda evitam, com cautela, a questão crucial, deixando que seja abordada pelos menosprezados "utópicos". Preferem dedicar atenção ao que deve ser feito no futuro imediato. Estão sempre elaborando programas

---

[26] Lembremos que o presente ensaio de Ludwig von Mises foi publicado no ano de 1920, quando a experiência socialista havia sido implantada apenas em 1917 na Rússia, sendo na maioria dos outros locais da Europa apenas uma especulação de teóricos militantes. (N. E.)

As Mais Recentes Doutrinas Socialistas e o Problema do Cálculo Econômico

sobre o caminho para o socialismo e não sobre o socialismo em si. A única conclusão possível desses escritos é que não estão nem mesmo conscientes do problema maior do cálculo econômico em uma sociedade socialista.

Para Otto Bauer, a estatização dos bancos é o último e decisivo passo para levar a efeito o programa socialista de estatização. Se todos os bancos forem estatizados e amalgamados em um único banco central, então seu conselho administrativo passará a ser

A suprema autoridade econômica, o principal órgão administrativo de toda a economia. Somente pela estatização dos bancos a sociedade obtém o poder de regular a mão-de-obra de acordo com um plano, e de distribuir os recursos racionalmente entre os vários setores da produção, de modo a adaptá-los às necessidades da nação[27].

Bauer não discute os arranjos monetários que prevalecerão na comunidade socialista após a conclusão da estatização dos bancos. Assim como outros marxistas, tenta mostrar como a futura ordem socialista desenvolver-se-á, de maneira simples e óbvia, a partir das condições prevalentes em uma sociedade capitalista desenvolvida. *"Basta transferir para os representantes da nação o poder hoje exercido pelos acionistas dos bancos por meio dos conselhos administrativos que elegerem"*[28] para socializar os bancos e, com isso, assentar o último tijolo no edifício do socialismo.

Bauer não instrui seus leitores acerca da completa mudança de natureza dos bancos resultante desse processo de estatização e fusão em um único banco. Uma vez que os bancos sejam fundidos em um único banco, sua essência é inteiramente transformada. Estarão em posição de emitir crédito sem nenhuma restrição[29]. Desta maneira, o sistema monetário como o conhecemos hoje desaparecerá. Quando, ademais, o banco único de uma sociedade – já completamente socializada – for estatizado, desaparecem as transações de mercado e todas as trocas comerciais. Ao mesmo tempo, o banco deixa de ser um banco, suas funções específicas são extintas, pois não mais há lugar para ele nessa sociedade. Pode até ser que o nome

---

[27] BAUER. *Der Weg zum Sozialismus. Op. cit.*, p. 26s.
[28] Idem. *Ibidem*, p. 25.
[29] MISES. *Theorie des Geldes und der Umlaufsmittel. Op. cit.*, p. 474s. [Na tradução em inglês, ver: MISES. *Theory of Money and Credit. Op. cit.*, p. 411. (N. E.)]

"banco" seja mantido, que o "Supremo Conselho Econômico" da Economia Socialista passe a ser chamado de "Conselho de Administração" do banco, e que façam as reuniões em um edifício anteriormente ocupado por um banco. Entretanto, não mais é um banco e não cumpre nenhuma daquelas funções de um banco em um sistema econômico baseado na propriedade privada dos meios de produção e no uso de um meio geral de troca – o dinheiro. Não distribui mais nenhum tipo de crédito, pois uma sociedade socialista torna o crédito uma necessária impossibilidade. O próprio Bauer não nos diz o que é um banco, mas começa o capítulo sobre a estatização dos bancos com a seguinte frase: *"Todo o capital disponível flui para um fundo comum dos bancos"*[30]. Como marxista, não deveria suscitar a pergunta sobre quais serão as atividades dos bancos após a abolição do capitalismo?

Todos os outros escritores que já abordaram os problemas da organização da economia socialista são também culpados por confusões similares. Não percebem que as bases do cálculo econômico são removidas pela exclusão do mecanismo de precificação e de trocas, e que algo deve ser colocado em seu lugar, caso se deseje evitar que toda a economia seja abolida e que surja um caos desesperador. As pessoas acreditam que instituições socialistas desenvolver-se-ão sem dificuldades e sem mais delongas a partir das instituições de uma economia capitalista. Este não é, de modo algum, o caso. E tudo se torna ainda mais grotesco quando nos referimos aos bancos, ao gerenciamento dos bancos, etc., em uma comunidade socialista.

---

[30] BAUER. *Der Weg zum Sozialismus. Op. cit.*, p. 24s.

Referências às condições que ocorreram na Rússia e na Hungria sob domínio soviético nada provam. O que ocorre lá é um retrato da destruição da ordem de produção social vigente, substituída por uma economia fechada e caseira baseada na sociedade camponesa. Todos os setores da produção dependentes da divisão social do trabalho se encontram em um estado de total dissolução. O que está ocorrendo sob o domínio de Vladimir Lenin (1870-1924) e de Leon Trotsky (1879-1940) é pura destruição e aniquilação. Se, como asseguram os liberais, o socialismo inevitavelmente deixará tais consequências em seu rastro, ou se, como respondem os socialistas, tais consequências são apenas resultado do fato de que a república soviética está sendo atacada do exterior, é uma questão que não nos interessa no presente contexto. O que deve ser estabelecido é que a comunidade socialista soviética sequer começou a discutir o problema do cálculo econômico, tampouco tem motivo de fazê-lo. Pois nos lugares da Rússia soviética onde bens ainda são produzidos para o mercado – não obstante as proibições governamentais –, tais bens são valorados em termos de dinheiro, pois ainda subsiste ali a propriedade privada dos meios de produção, e os bens são vendidos em troca de dinheiro. Nem mesmo o governo nega sua necessidade, confirmada pelo aumento do dinheiro em circulação, e por se manter um sistema monetário ao menos pelo período de transição.

Demonstram que a essência do problema a ser enfrentado pela Rússia soviética ainda não veio à luz. As declarações de Vladimir Lenin no ensaio *Die nächsten Aufgaben der Sowjetmacht* [*As Tarefas Imediatas do Poder Soviético*]. Nas deliberações do ditador há a ideia recorrente de que a tarefa mais urgente e imediata do comunismo russo é *"a organização das escriturações contábeis e o controle das empresas expropriadas dos capitalistas, bem como de todas as outras empresas da economia"*[31]. Mesmo assim, Lenin está longe de perceber que ocorre um problema inteiramente novo, impossível de ser solucionado por meio dos instrumentos tradicionais da cultura "burguesa". Como um verdadeiro político, não se preocupa com as questões que estão um pouco além do seu nariz. Ainda se encontra rodeado de transações monetárias, e não percebe que, com a progressiva socialização, o dinheiro necessariamente perderá a função de meio de troca de uso geral, pois, com a abolição da propriedade privada, as trocas também desaparecerão.

A conclusão das reflexões de Lenin é de que gostaria de reintroduzir na economia soviética as técnicas contábeis "burguesas", em base monetária. Por isso, também deseja restaurar o prestígio dos "especialistas burgueses"[32]. De resto, Lenin está tão pouco ciente quanto Bauer de que, em uma comunidade socialista, as funções de um banco são inconcebíveis. Deseja ir além da *"estatização dos bancos"*, implementando *"uma transformação completa dos bancos, para que se tornem o ponto nodal de contabilidade social do sistema socialista"*[33].

---

[31] LENIN, V. I. *Die nächsten Aufgaben der Sowjetmacht*. Berlin: Wilmersdorf, 1919. p. 12s, p. 22s.

[32] Idem. *Ibidem*, p. 15.

[33] Idem. *Ibidem*, p. 21, p. 26. Ver, também: BUKHARIN, Nikolaj Ivanovi. *Das Programm der Kommunisten*. Zürich: Verlag Union, 1918. p. 27s.

As ideias de Lenin sobre o sistema econômico socialista – para o qual se esforça em conduzir o povo – são, em geral, obscuras.

> O Estado socialista só pode surgir como uma rede de comunas produtoras e consumidoras, as quais diligentemente registram a produção e o consumo, circulam economicamente as tarefas, elevam a produtividade da mão-de-obra de maneira ininterrupta e, assim, alcançam a possibilidade de reduzir as horas de trabalho para sete ou seis ou até menos horas por dia [...][34].Cada elemento, cada vilarejo se comporta como uma comuna produtora e consumidora que tem o direito e a obrigação de aplicar a legislação geral soviética à própria maneira (à própria maneira não no sentido de sua violação, mas sim no sentido da variedade de suas formas de realização), e de solucionar à própria maneira o problema de como calcular a produção e a alocação dos produtos[35].

Lenin ainda afirma:

> As comunas mais importantes devem servir como educadoras, professoras e líderes estimulantes para as mais atrasadas. Os sucessos das principais comunas têm de ser difundidos em todos os detalhes para servir de bom exemplo. As comunas que mostrarem bons resultados devem ser imediatamente premiadas com uma redução no dia de trabalho e com um

---

[34] LENIN, V. I. *Die nächsten Aufgaben der Sowjetmacht*. Op. cit., p. 24s.
[35] Idem. *Ibidem*, p. 32.

aumento nos salários, e permitindo que se dê mais atenção a bens e valores culturais e estéticos[36].

Podemos deduzir que o ideal de Lenin é uma sociedade em que os meios de produção não são de propriedade de uns poucos distritos ou municipalidades, e nem mesmo dos trabalhadores das empresas, mas sim de toda a comunidade. Seu ideal é socialista, não sindicalista. Isso não precisa ser enfatizado no caso de um marxista como Lenin. Não é inusitado para o Lenin teórico, mas para o Lenin estadista, o líder da revolução sindicalista camponesa russa. No entanto, por ora, estamos tratando do escritor Lenin, e podemos considerar seus ideais separadamente, sem nos deixarmos afetar pelo retrato da fria realidade.

De acordo com o Lenin teórico, toda empresa agrícola e industrial de grande porte é um membro da grande comunidade do trabalho. Aqueles que são ativos nessa comunidade têm direito de autogovernar-se; exercem uma profunda influência na direção da produção e na alocação dos bens que lhes são atribuídos para consumo. No entanto, o trabalho é propriedade de toda a sociedade, e como seu produto também pertence à sociedade, esta, portanto, determina sua alocação. Como, perguntamo-nos, o cálculo na economia é efetuado em uma comunidade socialista organizada dessa maneira? Lenin nos oferece uma resposta totalmente inadequada ao apelar novamente às estatísticas.

---

[36] Idem. *Ibidem*, p. 33.

Temos de levar a estatística às massas, torná-la popular, de modo que a população ativa irá gradualmente aprender por conta própria a compreender e perceber quanto e qual tipo de trabalho tem de ser realizado, e quanto e qual tipo de recreação deve ser implementada, de modo que a comparação dos resultados industriais das comunas individuais se torne objeto de educação e interesse geral[37].

Dessas alusões insuficientes é impossível concluir o que Lenin entende por estatística, e se está pensando em um cômputo monetário ou *in natura*. Em todo caso, temos de voltar ao que já dissemos sobre a impossibilidade de se determinar preços monetários dos bens de produção em uma comunidade socialista, e sobre as dificuldades da valoração *in natura*[38]. A estatística só seria aplicável ao cálculo econômico se for além do cálculo *in natura*, cuja inadequação a esse propósito já foi demonstrada. É, obviamente, impossível onde não se formam relações de troca entre bens no processo de transação comercial.

---

[37] Idem. *Ibidem*, p. 33.
[38] Otto Neurath também imputa grande importância à estatística na concepção do plano econômico socialista. Ver: NEURATH, Otto. *Durch die Kriegs Watschaft zur Naturalwirtschaft. Op. cit.*, p. 212s.

CONCLUSÃO

Deduz-se do que fomos capazes de estabelecer nos argumentos anteriores que os protagonistas de um sistema socialista de produção alegam preferência por tal sistema fundamentados em uma maior racionalidade do que a de uma economia constituída para depender da propriedade privada dos meios de produção. Dentro do arcabouço do presente ensaio não é necessário levar em consideração essa opinião, visto que se baseia na premissa de que a atividade econômica racional necessariamente não pode ser perfeita, pois existem determinadas forças impeditivas. Aqui, devemos nos concentrar apenas nas razões técnicas e econômicas de tal opinião. Paira sobre os detentores desse princípio uma concepção confusa da racionalidade técnica, que se afigura a antítese da racionalidade econômica, sobre a qual tampouco são muito claros. Costumam ignorar o fato de que *"toda a racionalidade técnica da produção equivale a um baixo nível de gastos específicos no processo de produção"*[39]. Não atentam para o fato de que o cálculo técnico não é suficiente para se descobrir o *"grau de conveniência geral e teleológica"*[40] de um acontecimento; que só pode graduar acontecimentos individuais segundo a importância, mas que nunca pode nos guiar naqueles juízos que são exigidos pelo complexo sistema econômico como um todo. É exatamente porque as considerações técnicas podem ser baseadas na lucratividade que podemos superar a dificuldade que surge da complexidade das relações entre, por um lado, o poderoso sistema de produção vigente e, por outro, a demanda e a eficiência de empresas e unidades econômicas;

---

[39] GOTTL-OTTLILIENFELD. "Grundriss der sozialökonomik". In: *Wirtschaft und technik*. *Op. cit.*, p. 220.
[40] Idem. *Ibidem*, p. 219.

e assim podemos obter o retrato completo da situação que requer a atividade econômica racional[41].

Essas teorias são dominadas por uma concepção confusa da primazia do valor objetivo de uso. Com efeito, no que tange à administração da economia, o valor objetivo de uso só adquire importância para a economia pela influência derivada do valor subjetivo de uso na formação das relações de troca dos bens econômicos. Uma segunda ideia confusa está relacionada a esta – a diferença entre o juízo de valor pessoal do observador da utilidade dos bens e o juízo de valor das pessoas que participam nas transações econômicas. Se alguém considera "irracional" gasta-se tanto dinheiro com cigarros, bebidas e prazeres similares, então, sem dúvida, estará certo do ponto de vista de sua escala pessoal de valores. No entanto, ao fazer tal julgamento, está ignorando o fato de que a economia é apenas um meio e que, quaisquer que sejam as considerações racionais que influenciem seu padrão de preferências, a escala de objetivos finais é uma questão de conação[42] e não de cognição.

O fato de que a atividade econômica racional é impossível em uma sociedade socialista não pode, obviamente, ser utilizado como um argumento a favor ou contra o socialismo. Quem quer que esteja disposto a adotar o socialismo por

---

[41] Idem. *Ibidem*, p. 225.

[42] A versão em inglês emprega a palavra *"conation"*, termo da psicologia, dicionarizado em língua portuguesa como "conação", que serve para designar a tendência a agir intencionalmente. No texto original em alemão o autor utiliza a expressão *"sache des Wollens"*, que pode ser traduzida literalmente para o português como "questão de vontade". (N. E.)

questões éticas por supor que a provisão de bens de uma ordem mais baixa para os seres humanos em um sistema de propriedade comum dos meios de produção é reduzida, ou quem quer que seja guiado por ideais ascéticos em seu desejo pelo socialismo, não permitirá ter seus esforços afetados pelo que foi dito neste ensaio. Menos ainda serão influenciados aqueles socialistas "culturais" que, como Friedrich Muckle (1883-1945), esperam que o socialismo primariamente efetue *"a dissolução da mais assustadora de todas as barbáries – a racionalidade capitalista"*[43]. Entretanto, aquele que espera do socialismo um sistema econômico racional, será forçado a reexaminar seus pontos de vista[44].

---

[43] MUCKLE, Friedrich. *Das Kulturideal des Sozialismus*. Munich and Leipzig: Duncker & Humblot, 1919. p. 213. Por outro lado, Muckle exige o *"mais alto grau de racionalização da vida econômica com o intuito de reduzir as horas de trabalho e permitir que o homem se recolha a uma ilha onde possa ouvir a melodia de seu ser"*.

[44] O autor discute as questões apresentadas no presente ensaio também nos capítulos 25 ("A Construção Imaginária de uma Sociedade Socialista") e 26 ("A Impossibilidade do Cálculo Econômico no Sistema Socialista"), que compõem a Parte V ("A Cooperação Social sem o Mercado") do tratado *Ação Humana*. Ver: MISES. *Ação Humana. Op. cit.*, p. 783-812. (N. E.)

POSFÁCIO À EDIÇÃO DE 1990

I - A TESE DE MISES

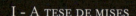m seu ensaio *Die Wirtschaftsrechnung im sozialistischen Gemeinwesen* [*O Cálculo Econômico em uma Comunidade Socialista*], Ludwig von Mises (1881-1973) demonstra, de uma vez por todas que, sob o planejamento centralizado socialista, não há meios para cálculos econômicos e que, portanto, a economia socialista é "impossível" (*unmöglich*) – não apenas ineficiente, menos inovadora, ou conduzida sem o benefício do conhecimento descentralizado, mas realmente, verdadeiramente e literalmente impossível.

Ao mesmo tempo, Mises estabelece que as condições necessárias e suficientes para a existência e evolução da sociedade humana são a liberdade, a propriedade e a moeda forte: a liberdade de cada indivíduo

Por que uma Economia Socialista é "Impossível"?

Joseph T. Salerno

produzir e realizar trocas de acordo com juízos de valor e estimativas de preços formados de maneira independente; propriedade privada irrestrita sobre todos os tipos e ordens de bens de produção e de bens de consumo; e a existência de um meio de troca universal cujo valor não esteja sujeito a variações grandes ou imprevisíveis.

Se todas – ou mesmo apenas uma – dessas instituições forem abolidas, a sociedade humana desintegra e se degenera em um amontoado de economias domésticas isoladas e de tribos predatórias. Mas não é só a abolição da propriedade privada dos meios de produção por Estado socialista com apetite global que torna a existência social impossível: a análise de Mises também sugere que o socialismo destrói a importância praxiológica do tempo e anula a singularíssima contribuição teleológica da humanidade para o universo.

Como a crítica de Mises ao socialismo tem sido vítima de significativas interpretações errôneas tanto por seguidores quanto por oponentes, seu argumento, apresentado neste artigo, deve ser reafirmado.

II - O ARGUMENTO DO CÁLCULO

(1) A constatação pioneira e central de Ludwig von Mises é que o cálculo monetário é a ferramenta mental indispensável para se escolher o plano ótimo em meio à vasta matriz de planos de produção alternativos e intrincadamente relacionados que estão disponíveis para se empregar os fatores de produção em um contexto de divisão social do trabalho. Sem recorrer ao cálculo e à comparação entre benefícios e custos de produção utilizando a estrutura de preços monetários determinados a todo o momento no mercado, a mente humana só é capaz de examinar, avaliar e implantar aqueles processos de produção cujo escopo seja drasticamente restrito ao domínio de uma economia doméstica primitiva.

O número praticamente ilimitado de planos alternativos para a alocação de fatores de produção bem como as complexidades avassaladoras de suas inter-relações advêm de dois fatos relacionados ao nosso mundo. Primeiro, nosso mundo é dotado de uma ampla variedade de recursos relativamente "não-específicos", os quais, em maior ou menor escala, são substituíveis entre si para satisfazer uma gama de processos de produção. Segundo, dado que a própria ação humana encerra uma inextirpável escassez tanto de tempo quanto de recursos, sempre haverá uma oportunidade praticamente inesgotável de se acumular capital e se alongar a estrutura de produção da economia, multiplicando, assim, as possibilidades técnicas para se combinar os fatores de produção.

Dada, portanto, a infinidade das relações de complementaridade e substituição que simultaneamente subsistem entre os vários tipos de recursos produtivos, uma mente humana isolada– ainda que fosse miraculosamente dotada de um completo e acurado conhecimento das quantidades e qualidades dos fatores de produção disponíveis, das mais modernas técnicas para combinar e transformar esses fatores em bens de consumo, e das escalas de preferências de cada indivíduo para cada bem de consumo — seria completamente incapaz de determinar o padrão ótimo de alocação de recursos, ou mesmo se um determinado plano de produção seria destrutivo ou ridículo em termos econômicos. Não só tal indivíduo perfeitamente onisciente seria incapaz de criar uma solução racional para o problema, como também seria incapaz de até mesmo conseguir uma completa "avaliação" intelectual do problema em toda a complexidade.

Sendo assim, como Mises afirma:

> A mente de um homem só, por mais brilhante que seja, é incapaz de compreender a importância de um bem específico entre os inúmeros bens de ordem mais elevada. Homem algum pode dominar todas as possibilidades de produção, inúmeras que são, de modo a estar em posição de fazer juízos de valor imediatamente evidentes, sem a ajuda de algum sistema de computação[1].

---

[1] Na presente edição, ver: "A Natureza do Cálculo Econômico". p. 82. (N. E.)

(2) Para se produzir os números cardinais necessários ao cômputo dos custos e benefícios dos processos de produção é indispensável, portanto, aquilo que Mises chama de *"divisão intelectual do trabalho"*[2], que surge quando os proprietários dos meios de produção têm liberdade de trocar bens e serviços por dinheiro segundo seus juízos individuais de valor e estimativas de preços. Assim, em uma sociedade de mercado, cada mente individual tem um papel duplo na determinação das somas para o cálculo monetário. No papel de consumidores, todos fazem lances monetários pelos estoques existentes de bens de consumo, de acordo com suas respectivas valorações subjetivas, levando ao surgimento de relações monetárias de troca objetivas, que relacionam os valores de todos os bens de consumo entre si.

À luz do sistema de preços dos bens de consumo assim constituído e do conhecimento existente acerca das condições técnicas de produção, os empreendedores buscam maximizar os lucros monetários competindo entre si para adquirir os serviços dos fatores de produção disponíveis naquele momento e detidos por esses mesmos consumidores (até mesmo por aqueles em funções empreendedoras). Nesse processo competitivo, todo e qualquer tipo de serviço produtivo é objetivamente estimado em termos monetários de acordo com sua contribuição fundamental para a produção de bens de consumo. Desta forma, surge a estrutura de preços monetários de mercado, um fenômeno genuinamente "social" em que cada unidade de bens e serviços transacionáveis

---

[2] Idem. *Ibidem.*, p. 82. (N. E.)

adquire um número cardinal socialmente significativo e que tem suas raízes nas mentes de cada membro da sociedade, embora sempre transcenda a contribuição da mente humana individual.

(3) Dado que a estrutura social dos preços é continuamente destruída e recriada a cada momento pelo competitivo processo de estimativas que ocorre em meio às incessantes alterações dos dados econômicos, sempre estarão disponíveis para os empreendedores os meios de se estimar os custos e as receitas, e de se calcular a lucratividade de qualquer processo de produção imaginável.

Se a propriedade privada dos meios de produção não-humanos for abolida, como ocorre sob o socialismo, o processo de estimativas será necessariamente interrompido, deixando como legado apenas a memória cada vez mais irrelevante da estrutura final de preços de mercado. Na ausência de uma disputa competitiva por recursos produtivos entre os empreendedores, não há possibilidade de se atribuir significado econômico ao amálgama de potenciais produtividades físicas incorporadas em cada uma das miríades de recursos naturais e de bens de capital agora nas mãos dos planejadores centrais socialistas.

E ainda que os planejadores observassem os preços monetários que continuarem a ser gerados em um mercado livre para bens de consumo, ou substituíssem os valores subjetivos dos consumidores por sua própria escala unitária de valores, não haveria possibilidade de os planejadores centrais saberem ou adivinharem o "custo de oportunidade" de determinado processo de produção social. Se os agentes econômicos, em princípio, não tiverem condições de comparar os custos estimados e os benefícios de suas decisões ou atividades racionais estarão, por definição, descartadas.

Uma sociedade sem cálculo monetário, ou seja, uma sociedade socialista é, portanto, literalmente uma sociedade sem uma economia. Assim, contrariamente ao que se tornou a interpretação convencional tanto dos aliados quanto dos inimigos, Mises não estava cedendo à uma hipérbole retórica, mas sim descrevendo friamente uma conclusão demonstrável da ciência econômica quando declarou neste artigo que:

> Sem o cálculo econômico não pode existir economia. Por isso, em um Estado socialista, em que a busca do cálculo econômico é impossível, não pode existir – no sentido que damos ao termo – economia em hipótese alguma[3]. [...]
>
> [...] O socialismo é a abolição da racionalidade econômica[4].

(4) O socialismo terá efeitos particularmente devastadores sobre a estrutura de capital da economia. Sem uma expressão unitária, em termos monetários, para a preferência temporal, planejadores centrais jamais saberão se o investimento de recursos nos estágios mais altos da produção – os quais geram produtos fisicamente heterogêneos e não-comensuráveis –gerarão uma estrutura de produção cujas partes se

---

[3] Idem. *Ibidem.*, p. 85. (N. E.)
[4] Idem. *Ibidem.*, p. 91. (N. E.)

complementam ou cuja extensão almejada estará ajustada à quantidade de capital disponível. Assim, processos técnicos de ordem mais alta serão empreendidos sem que seu produto possa ser utilizado em processos de produção ulteriores, pois os necessários bens de produção complementares não estarão disponíveis.

Na União Soviética, por exemplo, em meio a uma horrenda escassez de alimentos, tratores novos e usados enferrujam nos campos de cereais não colhidos, pois não há combustível suficiente para movimentá-los, mão-de-obra para operá-los, ou estruturas para abrigá-los. Uma das consequências mais importantes do fato de que economias centralmente planejadas estão inseridas em uma economia mundial de mercado é que os planejadores podem observar economias capitalistas e, grosseiramente, copiá-las ao decidir quais processos técnicos podem coexistir em uma estrutura de capital razoavelmente coerente. Houvesse o mundo inteiro – em vez de apenas nações isoladas – existido sob planejamento central durante o último meio século, a estrutura global de capital há muito teria sucumbido irremediavelmente à poeira, e a humanidade já teria regredido ao primitivismo da autossuficiência.

(5) Assim, logo de partida, Mises enfatizou o ponto, convenientemente ignorado por críticos hostis e desonestos: que a existência da União Soviética e de outras economias centralmente controladas não representa uma refutação de sua tese sobre a impossibilidade de uma economia socialista. Não obstante a fragorosa ineficiência, essas economias, na prática,

mantêm uma existência precária como parasitas da estrutura integrada de capital e do processo social de estimativa e apreçamento originados pelo mercado mundial ao seu redor. Como Mises ressaltou, nem tais economias e nem empresas estatais inseridas em economias capitalistas são genuinamente socialistas, pois ambas

> [...] são tão dependentes do sistema econômico e do livre comércio que as cercam, que não se poderia dizer que participam, hoje, da verdadeira natureza essencial de uma economia socialista. Em empresas estatais e municipais são introduzidas melhorias técnicas por conta do efeito notado em empresas privadas similares, domésticas ou estrangeiras, e também porque as indústrias privadas produtoras dos materiais para tais melhorias estimulam sua introdução. Nessas empresas, as vantagens da reorganização podem ser instituídas porque operam dentro da esfera de uma sociedade com base na propriedade privada dos meios de produção e no sistema monetário de trocas, o que as torna capazes de calcular e de contabilizar[5].

(6) Mas Mises não finaliza sua explanação com a demonstração de que o socialismo necessariamente erradica a atividade econômica no nexo social; ele também investiga suas implicações para o desenvolvimento da mente humana. Com a dissolução da produção social – consequência inevitável da imposição de um Estado socialista mundial –, a humanidade é rapidamente reduzida à dependência de atividades

---

[5] Idem. *Ibidem.*, p. 85. (N. E.)

econômicas realizadas isoladamente. Os processos primitivos de produção apropriados para economias autossuficientes não exigem de cálculos econômicos que utilizem números cardinais; tampouco tais processos simples oferecem escopo razoável para cálculos puramente técnicos. A mente humana, não mais dependente de operações aritméticas para se sustentar, começar a perder sua característica habilidade para calcular.

A análise de Mises sobre os efeitos do socialismo tem também outra implicação magistral. Com a impossibilidade de se construir e manter uma estrutura de capital na ausência do cálculo monetário, a economia humana sob o socialismo passa a consistir de processos extremamente curtos e repetitivos, de âmbito doméstico, utilizando o mínimo de capital e com pouco espaço para se adaptar novas necessidades. O resultado é que o próprio tempo – no sentido praxiológico de uma distinção entre presente e futuro – deixa de exercer papel nas relações humanas. Homens e mulheres, em sua existência sem capital, detendo apenas o mínimo necessário para viver, passam a experimentar passivamente o tempo como os animais mais bestiais: não ativamente como ferramenta de planejamento e ação, mas passivamente como mera duração. A humanidade, portanto, como força teleológica no universo, é necessariamente herdeira dos fenômenos, inextricavelmente relacionados, do cálculo econômico e do capital. Então, de maneira significativa, o socialismo extermina não apenas a economia e a sociedade, mas também o intelecto e espírito humanos.

III - Mises contra os Hayekianos

(1) É de suma importância reconhecer que, tanto no artigo original quanto em todos os escritos posteriores sobre o assunto, Ludwig von Mises apontou, de maneira clara e direta, que o problema específico e insolúvel do socialismo é a impossibilidade do cálculo econômico – e não, como defende F. A. Hayek (1899-1992), uma ausência de um mecanismo eficiente para transmissão de conhecimento para os planejadores. Essa diferença entre Mises e Hayek se reflete nas respectivas concepções da função social da competição, bem como nas respectivas respostas às reações dos "socialistas matemáticos e de mercado". Na verdade, Mises antecipou e refutou ambos em seu artigo original. Não obstante, a posição de Mises sobre esses tópicos é geralmente ignorada ou mesclada com a de Hayek.

(2) Para Mises, em uma economia de mercado, o ponto de partida do planejamento empresarial da produção é o conhecimento da presente estrutura de preços do mercado (na prática, da imediatamente passada), bem como dos dados econômicos básicos. O conhecimento, pelo empreendedor, dos preços de mercado do passado não substitui informações qualitativas sobre a economia, como Hayek parece argumentar, mas é-lhes necessariamente complementar. A razão, para Mises, é que aos planos de produção inevitavelmente demorados e voltados ao futuro, são relevantes as estruturas de preço que emergem no futuro. No entanto, os empreendedores não podem conhecer os

preços futuros diretamente; são capazes apenas de *estimá-los* à luz da "experiência" de preços passados e da "compreensão" a respeito de quais transformações ocorrerão na presente configuração dos dados econômicos qualitativos. Não importa se alguém prefere ou não caracterizar os prognósticos e estimativas empresariais como um procedimento de "descoberta" do conhecimento, como Hayek o faz, o importante para Mises é que o ponto de partida indispensável do processo competitivo, mas não o seu ápice social.

Em outras palavras, o prognóstico e a estimativa de futuras estruturas de preços — para os quais a descoberta de novos conhecimentos pode exercer um papel — é uma operação *pré-concorrencial* e *não-social*, isto é, precede e condiciona a concorrência empresarial pelos fatores de produção existentes, e é completamente efetuada nos limites das mentes individuais. A função *social* da competição, por outro lado, é o apreçamento objetivo dos preços dos bens de ordem mais alta, condição *sine qua non* para os cálculos empresariais de lucratividade de planos alternativos de produção. A concorrência, portanto, adquire a característica de um processo social por excelência, não porque sua operação pressupõe a descoberta do conhecimento, que é inevitavelmente uma função individual, mas sim porque, na ausência de preços monetários competitivamente determinados para os fatores de produção, mesmo a posse de literalmente todo o conhecimento do mundo não permitiria que um indivíduo alocasse recursos produtivos de maneira economicamente racional sob a divisão social do trabalho.

(3) Mises, portanto, em todos os seus escritos sobre o assunto, parte do princípio de que os planejadores têm total conhecimento dos desejos de bens de consumo dos consumidores, como também de todos os meios disponíveis para a produção desses bens sob condições tecnológicas já conhecidas.

Por exemplo, Mises escreve:

> A administração do empreendimento pode até saber exatamente quais bens são necessários com maior urgência. [...] Também poderá calcular o valor de um determinado meio de produção estimando quais serão as consequências de sua retirada para a satisfação das necessidades[6].

Não obstante esse conhecimento, os administradores socialistas seriam incapazes de chegar a uma avaliação social útil, em termos cardinais, dos meios de produção. Isso só pode ocorrer em um arranjo em que haja propriedade privada dos meios de produção e livre transação de recursos produtivos, que gera concorrência cataláctica entre produtores independentes, dando origem aos preços monetários dos recursos.

(4) Antecipando as futuras objeções dos socialistas de mercado, Mises argumenta que uma eventual tentativa de se implantar cálculos monetários forçando ou induzindo os administradores socialistas a agir como empreendedores que

---

[6] Idem. *Ibidem.*, p. 88. (N. E.)

buscam maximizar o lucro (ou, de maneira ainda mais absurda, que buscam igualar o preço ao custo marginal) esbarra no fato d esses administradores, não possuírem a vantagem de proprietários, no capital e na produção das empresas sob seu comando. Consequentemente, as propostas competitivas que fizerem para obter fundos para investimentos e para adquirir recursos produtivos devem necessariamente resultar em taxas de juros e em preços que são total e inescapavelmente arbitrários, inúteis como ferramentas de cálculo econômico.

A falta de sentido dos chamados "preços paramétricos" do socialismo de mercado, e sua incapacidade para replicar a estrutura de preços do mercado, advêm da circunstância de que são inteiramente condicionados pelo sistema de recompensas e punições instituído pelos donos monopolistas dos fatores de produção (os planejadores) para guiar o comportamento de seus administradores. Mas esse sistema de incentivos gerenciais é, propriamente, uma construção da mente humana individual, que, em primeiro lugar, teria de resolver por si só o problema da precificação dos fatores de produção antes mesmo de poder imaginar qual seria a adequada (porém agora supérflua) estrutura de incentivos.

(5) Hayek e seus seguidores são céticos em relação a quão efetiva e rapidamente o conhecimento disperso sobre as circunstâncias econômicas pode ser incorporado no sistema de preços socialista. Porém, na análise de Mises, isso é irrelevante. Independentemente de quão bem informados estejam os administradores socialistas, suas propostas de aquisição de fatores de produção no "mercado", para

as quais os planejadores centrais supostamente devem ajustar os parâmetros de preço do sistema, emergem de um conjunto arbitrário de diretrizes dos próprios planejadores, e não da concorrência entre proprietários privados de meios de produção. Tais preços são tão inúteis para a tarefa do cálculo econômico quanto aqueles que os planejadores, ao se esquivarem da elaborada e dispendiosa farsa de orquestrar um pseudomercado, simplesmente inventassem do nada.

(6) Adicionalmente, do ponto de vista misesiano, as deficiências dos preços do socialismo de mercado não advêm do fato de que tais preços devam supostamente ser tratados como "paramétricos" pelos administradores, como curiosamente tem sido afirmado por alguns seguidores de Mises. O problema é precisamente que tais preços *não* são genuinamente paramétricos do ponto de vista de todos os membros do corpo social. Os preços que emergem no livre mercado são significativos para o cálculo econômico porque são determinados por um processo social de avaliação, que, embora seja o inevitável resultado de operações mentais de todos os consumidores e produtores, ainda assim entra como um inalterável fator externo nos planos de compra e venda de cada agente econômico individual.

(7) Na década de 1930, Hayek e o britânico misesiano (posteriormente lorde) Lionel Robbins (1898-1984) fizeram uma concessão fatídica e injustificável àqueles que argumentaram que os métodos da matemática econômica podem ser exitosamente manipulados de modo

a apresentarem uma solução para o problema do cálculo socialista. Em resposta ao argumento de que os preços dos fatores de produção surgiriam da solução de um conjunto de equações simultâneas que incorporariam todos os dados do sistema econômico, Hayek e Robbins argumentaram que, em "teoria", isso era possível; na "prática", porém, altamente problemático.

A razão para essa impraticabilidade, segundo Hayek e Robbins, é que, na economia do mundo real, os desejos dos consumidores, os recursos disponíveis, e a tecnologia estão sujeitos a alterações contínuas e imprevisíveis. Portanto, na ocasião em que os planejadores coletassem a vasta quantidade de informações necessárias para formular o maciço sistema de equações e o tivessem solucionado (manualmente ou mecanicamente, uma vez não havia computadores de alta velocidade na década de 1930), o sistema de preços resultante já estaria completamente defasado e seria inaplicável à economia corrente, cujos dados subjacentes já teriam se alterado rápida e imprevisivelmente nesse meio tempo.

Infelizmente, a resposta de Hayek e Robbins foi interpretada por muitos economistas como uma confissão de que o debate teórico sobre o cálculo socialista teria sido arrematado, com uma concessão do lado misesiano de que o socialismo, afinal, era, sim, capaz de calcular, embora com algum atraso na prática. Ademais, alguns economistas austríacos modernos, em um tardio esforço para recuperar a superioridade teórica, reconstruíram o argumento contra o socialismo seguindo as teses sugeridas pelos artigos posteriores de Hayek sobre conhecimento e concorrência, os quais, não obstante todas as argumentações sutis e convincentes, são, de uma maneira incômoda, quase-walrasianos, e aparentemente desconsideram o lapso de tempo entre os preços presentes e futuros. O resultado foi um grave recuo (embora não admitido explicitamente) da crítica misesiana original, não-refutada, que enfatizava a absoluta impossibilidade do cálculo econômico sem preços de mercado, e a adoção de uma posição hayekiana categoricamente diferente, que criticava a relativa ineficiência de mecanismos que não são de mercado para a descoberta, comunicação e uso do conhecimento na alocação de recursos produtivos.

(8) Em profundo contraste com a réplica da dupla Hayek-Robbins e a reinventada posição austríaca, a refutação negligenciada de Mises aos socialistas matemáticos, esquematizada em seu artigo e mais bem elaborada no livro *Human Action: A Treatise on Economics*[7] [*Ação Humana: Um Tratado sobre Economia*], não se desvia nem sequer minimamente da fundamental e crucial perspectiva do cálculo. Assim, Mises supõe que todos os dados econômicos a respeito de uma economia de mercado existente sejam congelados para sempre de maneira repentina e revelados ao recém-nomeado comitê de planejadores centrais.

Com brilhante perspicácia, Mises demonstra que, mesmo com a exclusão do problema da falta de conhecimento apontado por Hayek, os planejadores centrais continuariam

---

[7] MISES, Ludwig von. *Ação Humana: Um Tratado de Economia*. Trad. Donald Stewart Jr. São Paulo: Instituto Ludwig von Mises Brasil, 3ª Ed., 2010. (N. E.)

incapazes de calcular o padrão ótimo ou mesmo qualquer padrão de alocação dos fatores de produção. O motivo é que a estrutura do capital vigente, as habilidades da mão-de-obra adquiridas, e a localização desses trabalhadores que estão inicialmente mal ajustadas à nova configuração de equilíbrio dos dados. Os planejadores, portanto, seriam obrigados a decidir como alocar o fluxo de serviços produtivos entre uma miríade de potenciais processos técnicos de produção, de re-treinamento da mão-de-obra, e de realocação de projetos de modo a garantir um curso ótimo de ajuste equilibrante para os estoques de bens de capital, de habilidades laborais e de moradias existentes. A complexidade atordoante dessa decisão de alocação jaz no fato de que, durante esse processo de transição de um equilíbrio para o outro, os planejadores serão confrontados com condições que se alteram *a cada momento*, uma vez que as quantidades e qualidades dos serviços produtivos disponíveis estão em um constante fluxo devido às alterações que geram nos próprios estoques de ativos físicos e de mão-de-obra que são progressivamente transformados.

(9) Para complicar ainda mais esse problema, há o fato adicional de que a imposição de uma igualdade salarial sob o novo regime socialista e a inevitável flutuação das rendas vigentes para atender à transformação da estrutura de produção gerariam uma contínua revolução na estrutura de demandas dos consumidores durante o período de transição. Mises, com efeito, não está exagerando no argumento quando conclui dizendo que:

[...] a transição para o socialismo altera [...] todos os dados econômicos de tal modo que um elo com o estado final em que se encontrava a economia competitiva anteriormente é algo impossível. Assim, teremos o espetáculo de uma ordem econômica socialista debatendo-se em meio a um vasto oceano de combinações econômicas possíveis e concebíveis sem a bússola do cálculo econômico.

Portanto, em um Estado socialista, cada mudança econômica se torna uma tarefa cujo sucesso não pode nem ser estimado antecipadamente e nem ser determinado retroativamente. Há apenas apalpadelas às cegas. O socialismo é a abolição da racionalidade econômica[8].

Ainda que a matemática gere um conjunto de preços consistente para os dados de equilíbrio disponíveis, essa solução é inaplicável aos problemas do cálculo da aproximação dinâmica ao estado de equilíbrio. Nessa situação, o uso de tais preços para alocar recursos não permite, de maneira alguma, que a economia alcance o equilíbrio antes que a estrutura do capital e todo o sistema de produção social tenham sido demolidos.

Assim, a tese original de Mises permanece, por conta própria, intacta e inabalada ante todos os contra-argumentos, e sem qualquer necessidade de emendas ou ressalvas: sem propriedade privada dos meios de produção, e sem competição catalática por eles, não é possível existir cálculo econômico e alocação racional de recursos sob um arranjo de divisão social do trabalho. Em suma, a sociedade e economia socialistas são impossíveis.

---

[8] Na presente edição, ver: "A Natureza do Cálculo Econômico". p. 90-91. (N. E.)

IV - Além do socialismo

(1) No entanto, embora a tese de Mises deva permanecer válida, ainda é relevante em um mundo em que as economias socialistas planejadas caíram como um castelo de cartas? A resposta é um "sim" retumbante, pois o argumento de Mises conclui que *"Qualquer medida que nos afaste da propriedade privada dos meios de produção e do uso do dinheiro, nos afasta também da racionalidade econômica"*[9].

O crescimento interminável do estado de Bem-Estar Social norte-americano e de outros nos moldes ocidentais – inchado, voraz, injusto e repugnante – envolve uma série contínua de tais medidas. Olhando por outro ângulo, as economias planejadas, felizmente extintas, da Europa Oriental, como observamos acima, estavam longe de ser economias socialistas genuínas no sentido misesiano por conta da capacidade de comercializar e observar as complementariedades do capital e preços do mercado mundial. A União Soviética, a China eram, e outros ainda são, entidades monopolísticas gigantescas que suprimem o mercado interno para bens de capital, mas que ainda mantêm conexões subjetivas e objetivas com o ordenamento de mercado mundial que permite-lhes calcular, de modo grosseiro, seu curso de ação.

À medida que o estado de Bem-Estar parasitário expanda o poder de gerar inflação monetária, de regular e intervir nas economias "mistas" hospedeiras, podemos esperar que as

---

[9] Idem. *Ibidem.*, p. 84. (N. E.)

atividades produtivas se tornem mais caóticas, e guiadas cada vez menos por preços de mercado socialmente determinados. De fato, muito antes se atingir um estado de completa socialização, a economia e a sociedade começarão a desintegrar pelo impedimento que os mercados equilibrem pelo aumento do escambo, por tamanhos e formatos menos eficientes de organizações empresariais, má alocação e ineficiência técnica de recursos produtivos, e por diminuições desastrosas do investimento bruto de capital, da produtividade da mão-de-obra e dos padrões de vida. Os perigos que atualmente ameaçam submergir setores da economia norte-americana em um caos calculacional podem ser ilustrados com alguns exemplos.

(2) Consideremos a inflação. Um dos fatores mais importantes que operam para coibir os governos dos Estados Unidos e de outras economias mistas de reinstituir as políticas monetárias inflacionárias que nos causaram taxas de dois dígitos de aumento nos preços na década de 1970 é a coexistência de mercados de capital globais intimamente integrados de moedas fiduciárias nacionais independentes emitidas por um banco central cioso de suas prerrogativas. Aquela nação que adotar uma política monetária altamente inflacionária atrairá a perspectiva de rápida depreciação de sua taxa de câmbio, de "fuga" de investidores do mercado de capital doméstico e de uma escalada estratosférica nas taxas de juros. No jargão atual, as autoridades monetárias, mesmo de grandes países como os Estados Unidos, "perderam o controle das taxas de juros domésticas".

Atualmente, há um movimento muito alardeado para realizar uma maior "coordenação" internacional das políticas monetária e fiscal ou mesmo para introduzir um banco central supranacional com poder de emitir a própria moeda fiduciária. No fundo, tais propostas buscam afrouxar as restrições à inflação monetária no plano doméstico e permitir que políticos e burocratas e seus grupos de interesses especiais extraiam sub-repticiamente um fluxo crescente de ganhos ou "bem-estar" dos setores produtivos de suas economias.

O mais importante, do nosso ponto de vista, é que esses arranjos aumentam substancialmente a ameaça da hiperinflação e a consequente desintegração da economia de mercado mundial. Ademais, ainda que fosse controlada antes do colapso hiperinflacionário de moeda corrente, um surto de inflação galopante em uma economia com estrutura de capital altamente desenvolvida e complexa mascararia de maneira drástica o cálculo monetário e causaria consumo do capital e um rebaixamento drástico dos padrões de vida.

(3) Outra área em que enfrentamos a perspectiva de um caos nos cálculos é a saúde. Ao subsidiar descontroladamente e estimular a demanda por serviços de saúde de grupos de interesse seletos, a partir do início dos anos 1960, o governo dos Estados Unidos precipitou uma espiral interminável e catastrófica de custos ascendentes na saúde.

Além disso, a estrutura irracional e labiríntica das regulações e proibições impostas pelo governo sobre a indústria distorceu de maneira maciça a alocação de recursos, restringiu a oferta e aumentou ainda mais os custos dos tratamentos médicos. O resultado trágico mas previsível de tal intervenção é que muitos dos membros da sociedade não conseguem mais pagar. A solução simples e humana para essa tragédia é extinguir prontamente esses subsídios antissociais e desmantelar a estrutura regulatória destrutiva, permitindo a operação sem empecilhos do cálculo do preço competitivo e do processo de alocação de recursos.

Entretanto, é claro, a dinâmica interna do estado de Bem-Estar é nunca recuar e, assim, arriscar descontentar seus membros, mimados e poderosos, como por exemplo, a Associação Médica Americana, a Associação Americana de Aposentados, as burocracias viscerais dos hospitais filantrópicos e assim por diante. Assim, nos deparamos com a perspectiva de um "seguro de saúde nacional" que é um eufemismo para a socialização completa do setor de saúde, com a consequente escassez, supressão dos incentivos competitivos e deterioração da qualidade. Esse, todavia, é simplesmente outro exemplo da lógica insana do estado de Bem-Estar Social: já que o governo nada produz de valor em termos de estima social, só pode oferecer bem-estar social para alguns sugando recursos e destruindo arranjos econômicos que sustentam o bem-estar de outros. Ao tentar remendar a destruição politicamente impopular das primeiras políticas, é levado a mais atos isolados de destruição até que chegue, com ironia suprema e cruel, à política de destruição sistemática da sociedade e do bem-estar humano, ou seja, ao socialismo.

(4) Por fim, temos as políticas de meio-ambiente, que têm se tornado progressivamente maiores no escopo e mais draconianas na aplicação. Visto que tais políticas vão além da proteção dos direitos individuais e de propriedade – e agora estão muito além desse ponto – tornam-se antissociais e destrutivas para o capital e para o padrão de vida. De fato, em muitos, se não na maioria dos casos, o pretendido é a obstrução da produtividade econômica *per se*, que representa um subsídio de bem-estar em espécie para uma minoria endinheirada e bem organizada de ambientalistas de classe média alta.

Isso é verdade, por exemplo, nas regulamentações ambientais que proíbem o desenvolvimento de atividades na grande maioria das terras do Alasca e ao longo de grande parte da costa da Califórnia, bem como os recentes clamores para suprimir o desenvolvimento na floresta tropical amazônica e manter, coercitivamente, todo o continente da Antártica para sempre selvagem. Não é preciso dizer que, as amplas e centralizadas regulamentações de uso da terra, reivindicadas por alguns ambientalistas fanáticos equivalem à abolição da propriedade privada dos recursos nacionais e das estruturas empresariais. A relação entre ambientalismo e socialismo é ainda mais forte quando percebemos o que o socialismo causa, de modo não intencional, a abolição da humanidade como força teleológica que molda a natureza para seus propósitos, que é precisamente o objetivo do programa ambientalista radical.

V - Conclusão

A importância deste ensaio de Ludwig von Mises, escrito em 1920, vai muito além de sua devastadora demonstração da impossibilidade da economia e sociedade socialistas. Oferece argumentação racional em defesa do sistema de preços, do livre mercado puro, da inviolabilidade da propriedade privada contra toda intrusão, e de uma moeda forte. Sua tese continuará relevante enquanto economistas e políticos quiserem entender por que mesmo pequenas intervenções estatais consistentemente fracassam em alcançar resultados socialmente benéficos. *Die Wirtschaftsrechnung im sozialistischen Gemeinwesen* [*O Cálculo Econômico em uma Comunidade Socialista*] certamente está entre os mais importantes artigos econômicos escritos no século XX.

Índice Remissivo e Onomástico

A

Ação Humana ver *Human Action*
Acionista, 30, 105-06, 108, 116
Alemanha, 61, 114
Alocação, 6, 24, 28, 35, 48, 54, 65-6, 68, 70-2, 80, 120-21, 132-33, 146-48, 150-52
América, 16
Apreciação empresarial, 38
Áustria, 16, 18, 114

B

Banco, 30, 59, 106, 115-17, 119
Banco Central, 110, 115, 150-51
Barone, Enrico (1859-1924), 30, 53
Bauer, Otto (1881-1938), 110, 115-17, 119
Bens de capital, 26-28, 31-32, 52, 135, 147, 149
Bens de consumo, 27, 48, 51-52, 64-66, 68-69, 72, 83-84, 97, 131, 133-35, 142
Bens de ordem mais baixa, 74, 77, 79, 127
Bens de ordem mais elevada, 74-75, 77, 81-84, 87, 133, 141
Bens de produção, 26, 64, 67-68, 81-82, 86, 96, 122, 131, 137

Block, Walter (1941-), 60
Böhm-Bawerk, Eugen von (1851-1914), 100
Burocracia, 42, 47, 55, 111, 152

C

Cálculo, 8, 14, 22, 26-28, 31-32, 35-42, 45-46, 48-51, 53-55, 57, 68, 72, 74, 77-85, 87-90, 94-96, 98-99, 101, 104, 109, 115, 117-18, 121-22, 127, 130, 132-34, 136, 138-46, 148, 151-52, 154
Cálculo Econômico em uma Comunidade Socialista, O ver *Wirtschaftsrechnung im sozialistischen Gemeinwesen, Die*
Camboja, 47
Capital, 27-28, 33, 52, 83, 106, 117, 132, 136-39, 143, 147-51, 153
Capitalismo, 32, 65, 96, 117
Carson, Kevin (1963-), 60
Cartel, 29
Chernobil, 44
China, 47, 149
Comunismo, 119
Consumidor, 29, 36, 46, 53, 87, 120, 134-45, 142, 144-45, 147
Crédito, 116-17

Crusoé, Robinson, 76, 80, 82
Custo, 13, 25-27, 29-30, 33, 47-48, 52, 72, 75, 89, 94, 132, 134-36, 143, 151

D

Demanda, 29, 36-37, 51-52, 69-70, 98, 107, 125, 147, 151
Dinheiro, 51, 68, 78, 80, 82, 84, 88, 102, 117-19, 126, 134, 149
Distribuição, 47, 48, 82
ver também Alocação
Durbin, Evan (1906-1948), 31

E

Empresário, 26-28, 31, 36-37, 40, 107
Empresas estatais, 85, 107, 110-11, 138
Empresas privadas, 85, 104, 107, 109, 138
Empresas socialistas, 104, 107
Equilíbrio, 28-36, 39-40, 53, 147-48
Escola de Chicago, 18
Escolha Pública, 40
Estados Unidos, 17, 150-51
Europa Central, 51, 55
Europa Oriental, 48, 51, 55, 149

F

Fatores Primários de Produção, 27
Fedorenko, Nikolai (1917-2006), 47
Firma, 23, 29-30, 33, 41
Foundation for Economic Education (FEE), 14
Freeman, The, 18-19

G

General Theory of Employment, Interest and Money, The [*Teoria Geral do Emprego, do Juro e da Moeda, A*], de John Maynard Keynes, 15
Gemeinwirtschaft: Untersuchungen über den Sozialismus, Die [*A Economia Coletiva: Estudos sobre o Socialismo*], de Ludwig von Mises, 15, 61

H

Harper, F. A. [Floyd Arthur] (1905-1973), 14
Hayek, F. A. [Friedrich August von] (1899-1992), 9, 14, 20, 30, 33-39, 55, 140-41, 143-46
Hayekiano, 38, 140
Hazlitt, Henry (1894-1993), 14, 16
Hoppe, Hans-Hermann (1949-), 44
Human Action: A Treatise on Economics [*Ação Humana: Um Tratado sobre Economia*], de Ludwig von Mises, 146

I

Idée générale de la révolution au XIXe sièclee [*Ideia Geral da Revolução no Século XIX*], de Pierre-Joseph Proudhon, 59
Individualismo Metodológico, 17
Iniciativa, 46, 86, 104-05, 110-11
Intervencionismo, 41
Institute for Humane Studies (IHS), 14
Investimento, 28, 31-33, 47, 52-53, 136, 143, 150

J

Juros, 33, 59, 154, 150

K

Kautsky, Karl (1854-1938), 108

ÍNDICE REMISSÍVO E ONOMÁSTICO 157

Keynes, John Maynard (1883-1946), 15, 53
Keynesiana, 16
Keynesianismo, 16

L

Lachmann, Ludwig M. (1906-1990), 27
Lange, Oskar (1904-1965), 30-32, 34, 36, 52-56
Langeana, 31-32, 55
Lenin, Vladimir (1870-1924), 118-22
Leste Europeu, 44, 47, 56
Liberdade, 37, 39, 49, 58, 69, 130, 134
Liberty and Prosperity [*Liberdade e Propriedade*], de Ludwig von Mises, 49
Livre mercado, 16-18, 52-53, 56, 91, 96, 144, 154
Long, Roderick (1964-), 60
Lucro, 37, 47-48, 106-07, 109, 134, 143
Lucro planejado, 47-48

M

Maltsev, Yuri N. (1950-), 44-45
Mão de obra, 71-72, 88, 94, 96, 115, 120, 137, 147
Mao Tsé-Tung (1893-1976), 46
Marx, Karl (1818-1883), 24, 27, 98-101, 108
Marxismo, 40, 44-45, 60
Marxista, 31, 35, 53, 110, 114, 116-17, 121
Mecanismo alocativo, 29
Mercado, 16-18, 22-23, 26-29, 31-42, 46-47, 49, 51-56, 69-70, 77, 79, 82, 91, 96, 101, 116, 118, 132, 134-35, 137-38, 140, 142-44, 146, 149-51, 154

Metodologia, 21
Mises, Ludwig von (1881-1973), 8, 9, 13-24, 26-28, 30-35, 37-42, 45-46, 48, 50-51, 53-54, 56, 74, 114, 130-34, 136-44, 146-49, 154
MISES: Revista Interdisciplinar de Filosofia, Direito e Cultura, 20, 60
Misesiano, 17, 23, 27, 31, 49, 60, 144-45, 149
Moeda, 15-16, 18, 78, 130, 150-51, 154
Mont Pelerin Society, 49
Muckle, Friedrich (1883-1945), 127
Murphy, Robert (1976-), 60

N

Nächsten Aufgaben der Sowjetmacht, Die [*Tarefas Imediatas do Poder Soviético, As*], de Vladimir Lenin, 118-20
Nazismo, 19
Nova Política Econômica (NEP), 40
New York University (NYU), 17
North, Gary (1942-), 9, 13, 44
Nova York, 14, 16

O

Oferta, 29, 33, 47, 52, 69-70, 85-86, 151
Ordem mais baixa, 74, 77, 79, 127
Ordem mais elevada, 74-75, 77, 81-84, 87, 133, 141
Osterfeld, David (1949-), 44

P

Paretiano, 39
Planejador central, 26, 29, 35
Platão (427-347 a.C.), 110
Polônia, 56
Praxiológico, 37, 39

Problema alocativo, 24-25, 27-29, 34, 65, 72
Problema do conhecimento, 36, 38
Processo de mercado, 33-34, 40
Produtor, 53, 85, 87, 120, 138, 142, 144
Propriedade, 26, 35, 37, 39, 48-51, 55-56, 64, 67-68, 84-85, 87, 94, 96, 111, 117-19, 121, 124, 127, 130-31, 135, 142, 148-49, 153-54
Proudhon, Pierre-Joseph (1809-1865), 59
Pripyat, 44

R

Racionalidade, 11, 27, 37, 49, 53, 84, 86, 91, 124-25, 127, 136, 148-49
Raico, Ralph (1936-2016), 44
Read, Leonard E. (1898-1983), 14
Recursos naturais, 27, 98, 135
Remuneração, 71, 107
Rendimento, 52, 66, 107
Responsabilidade, 104-05
Revolução Marginalista, 25, 53
Robbins, Lionel (1898-1984), 30, 33-34, 144-46
Robinson Crusoé *ver* Crusoé, Robinson
Roma, 48
Rothbard, Murray N. (1926-1995), 17, 20, 44
Rússia, 47, 114, 118

S

Samuelson, Paul (1915-2009), 53
Sennholz, Hans F. (1922-2007), 14
Sennholz, Mary (1913-), 14
Sistema de preços, 26-28, 37, 40, 134, 143, 145, 154
Sistema monetário, 85, 89, 116, 118, 138

Socialism: An Economic and Sociological Analysis ver *Gemeinwirtschaft: Untersuchungen über den Sozialismus, Die*
Socialismo, 8, 16, 22-24, 26-28, 30-34, 36, 38-41, 43-53, 55, 60-61, 64-65, 72, 84-85, 88, 90-91, 101, 108, 111, 115-16, 118, 126-27, 131, 135-36, 138-40, 143-45, 148-49, 152-53
Socialismo de mercado, 28, 31-4, 36, 39-40, 143-44
Soviético, 19, 39, 46-47, 118
Stalin, Josef (1878-1953), 46
Studies in Mutualist Political Economy [*Estudos em Economia Política Mutualista*], de Kevin Carson, 60
Suíça, 18

T

Teoria Austríaca do Capital, 27, 32, 34, 40
Teoria da Escolha Pública, 40
Teoria do Equilíbrio Geral, 29-35, 40
Teoria do Valor Subjetivo, 17
Teoria do Valor-trabalho, 70, 97-98, 101
Theorie des Geldes und der Umlaufsmittel [*A Teoria da Moeda e dos Meios Fiduciários*], de Ludwig von Mises, 15, 78, 82, 116
Tsé-Tung, Mao *ver* Mao Tsé-Tung
Trabalho, 10, 17, 20, 24, 26-27, 39, 467, 51-52, 59, 66-67, 70-72, 78, 82-83, 87, 89, 96-102, 109, 118, 120-22, 127, 132, 134, 141, 148
Troca, 39, 51, 61, 67-9, 77-80, 82, 84-85, 96, 100-02, 117-19, 122, 126, 131, 134, 138

U

Ucrânia, 44
União Soviética, 41, 48, 51, 55, 137, 149
Utopia, 48, 108

V

Valor, 26-27, 29-30, 39, 42, 68-72, 74, 76-82, 87-88, 90, 97-101, 121, 126, 131, 133-35, 142, 152
Valor objetivo, 77, 87, 101, 126
Valor subjetivo, 17, 76-78, 126
Valor-trabalho, 70, 97-98, 101
Velasco, Gustavo R. (1903-1982), 14

Viena, 18

W

Weber, Max (1864-1920), 14-15
Wirtschaftsrechnung im sozialistischen Gemeinwesen, Die [*Cálculo Econômico em uma Comunidade Socialista, O*], de Ludwig von Mises, 8, 15, 22, 42, 45, 50, 130, 154

Y

Yale University Press, 17

Esta obra foi composta pela Spress em
Fournier (texto) e Caviar Dreams (título)
e impressa pela Plena Print para a LVM em Fevereiro de 2024